과거 관련 회화,
그 영광된 장면을
그리다

과거 관련 회화,
그 영광된 장면을
그리다

초판 1쇄 인쇄 2024년 11월 18일
초판 1쇄 발행 2024년 12월 2일

—

기 획 한국국학진흥원
지은이 윤진영
펴낸이 이방원

책임편집 배근호   **책임디자인** 박혜옥
마케팅 최성수·김 준   **경영지원** 이병은

—

펴낸곳 세창출판사
　　　 신고번호 제1990-000013호 **주소** 03736 서울특별시 서대문구 경기대로 58 경기빌딩 602호
　　　 전화 02-723-8660 **팩스** 02-720-4579 **이메일** edit@sechangpub.co.kr **홈페이지** http://www.sechangpub.co.kr
　　　 블로그 blog.naver.com/scpc1992 **페이스북** fb.me/Sechangofficial **인스타그램** @sechang_official

—

ISBN 979-11-6684-368-6 94910
　　　 979-11-6684-164-4 (세트)

과거 관련 회화, 그 영광된 장면을 그리다

윤진영 지음
한국국학진흥원 기획

세창출판사

책머리에

한국국학진흥원에서는 2022년부터 문화체육관광부의 지원으로 전통생활사총서 사업을 기획하였다. 매년 생활사 전문 연구진 20명을 섭외하여 총서를 간행하기로 했다. 지난해에 20종의 총서를 처음으로 선보였다. 전통시대의 생활문화를 대중에 널리 알리기 위한 여정은 계속되어 올해도 20권의 총서를 발간하였다.

한국국학진흥원은 국내에서 가장 많은 약 65만 점에 이르는 민간기록물을 소장하고 있는 기관이다. 대표적인 민간기록물로 일기와 고문서가 있다. 일기는 당시 사람들의 일상을 세밀하게 이해할 수 있는 생활사의 핵심 자료이고, 고문서는 당시 사람들의 경제 활동이나 공동체 운영 등 사회경제상을 이해할 수 있는 자료이다.

한국의 역사는 '조선왕조실록'이나 '승정원일기'와 같이 세계적으로 자랑할 만한 국가기록물의 존재로 인해 중앙을 중심으로 이해되어 왔다. 반면 민간의 일상생활에 대한 이해나 연구는 관심을 덜 받았다. 다행히 한국국학진흥원은 일찍부터 민간에 소장되어 소실 위기에 처한 자료들을 수집하고 보존처리를 통해 관리해 왔다. 또한 이들 자료를 번역하고 연구하여 대중에 공개했다. 이러한 민간기록물을 활용하고 일반에 기여할 수 있는 방법으로 '전통시대 생활상'을 대중서로 집필하여 생생하게 재현하여 전달하고자 했다. 일반인이 쉽게 읽을 수 있는 교양학술총서를 간행한 이유이다.

총서 간행을 위해 일찍부터 생활사의 세부 주제를 발굴하는 전문가 자문회의를 개최하고, 전통시대 한국의 생활문화를 가장 잘 구현할 수 있는 핵심 키워드를 선정하였다. 전통생활사 분류는 인간의 생활을 규정하는 기본 분류인 정치, 경제, 사회, 문화로 지정하였다. 이를 기반으로 매년 각 분야에서 핵심적인 키워드를 선정하여 집필 주제를 정했다. 이번 총서의 키워드는 정치는 '과거 준비와 풍광', 경제는 '국가경제와 민생', 사회는 '소외된 사람들의 삶', 문화는 '교육과 전승'이다.

각 분야마다 5명의 집필진을 해당 어젠다의 전공자로 구성하였다. 어디서나 간단히 들고 다니며 쉽게 읽을 수 있도록 최대한 이야기체 형식으로 서술해 달라고 부탁하였다. 다양한 사례의 풍부한 제시와 전문연구자의 시각이 담겨 있어 전문성도 담보할 수 있는 것이 본 총서의 매력이다.

전문적인 서술로 대중을 만족시키기는 매우 어렵다. 원고

의뢰 이후 5월과 8월에는 각 분야의 전공자를 토론자로 초청하여 2차례의 포럼을 진행하였다. 11월에는 완성된 초고를 바탕으로 1박 2일에 걸친 대규모 학술대회를 개최하였다. 포럼과 학술대회를 바탕으로 원고의 방향과 내용을 점검하는 시간을 가졌다. 원고 수합 이후에는 각 책마다 전문가 3인의 심사의견을 받았다. 2024년에는 출판사를 선정하여 수차례의 교정과 교열을 진행했다. 책이 나오기까지 꼬박 2년의 기간이었다. 짧다면 짧은 기간이다. 그러나 2년의 응축된 시간 동안 꾸준히 검토 과정을 거쳤고, 토론과 교정을 통해 원고의 완성도를 높이기 위해 분주히 노력했다.

전통생활사총서는 국내에서 간행하는 생활사총서로는 가장 방대한 규모이다. 국내에서 전통생활사를 연구하는 학자 대부분을 포함하였다. 2023년도 한 해의 관계자만 연인원 132명에 달하는 명실공히 국내 최대 규모의 생활사 프로젝트이다.

1990년대 이후 폭발적으로 증가했던 일상생활사와 미시사 연구에 대한 학계의 관심이 근래에는 소홀해진 상황이다. 본 총서의 발간이 생활사 연구에 활력을 불어넣는 계기가 되기를 기대한다. 연구의 활성화는 연구자의 양적 증가로 이어지고, 연구의 질적 향상 또한 이끌 것이다. 그렇게 된다면 전통문화에 대한 대중들의 관심 역시 증가할 것으로 기대한다.

본 총서는 한국국학진흥원의 연구 역량을 집적하고 이를 대중에게 소개하기 위해 기획된 대표적인 사업의 하나이다. 참여한 연구자의 대다수가 전통시대 전공자이며 앞으로 수년간 지속적인 간행을 준비하고 있다. 올해에도 20명의 새로운 집필자가 각 어젠다를 중심으로 집필에 들어갔고, 내년에 또 20권의 책이 간행될 예정이다. 앞으로 계획된 총서만 100권에 달하며, 여건이 허락되는 한 지속할 예정이다.

대규모 생활사총서 사업을 지원해 준 문화체육관광부에 감사하며, 본 기획이 가능하게 된 것은 한국국학진흥원에 자료를 기탁해 준 분들 덕분이다. 다시 감사드린다. 아울러 총서 간행에 참여한 집필자, 토론자, 자문위원 등 연구자분들께도 감사인사를 전한다. 책의 편집을 책임진 세창출판사에도 감사드린다. 이 모든 과정은 한국국학진흥원 여러 구성원의 노력이 있었기에 가능했다.

2024년 11월
한국국학진흥원 인문융합본부

차례

책머리에   4
들어가는 말   9

1. 과거 시험장을 그린 그림   13

풍속화 속의 과장 풍경   17
기록화 속의 과장 풍경   40

2. 과거 관련 행사를 그린 기록화   63

방방도와 은영연도恩榮宴圖   66

3. 과거 합격 동기생들의 기록화   85

과거 합격 동기생들의 방회榜會   88
과거 합격 60주년 기념과 회방연도回榜宴圖 141

4. 과거의 합격을 축원한 그림   161

어변성룡과 등용문登龍門   165
책거리와 책가도   176
화조화와 어해도   184

나오는 말   195
주석   200
참고문헌   206

　　과거 시험의 합격은 한 개인의 일생에 있어 가장 극적이고 영광스러운 일이다. 오랜 기간 갈고닦은 실력을 인정받고 동시에 관료의 길로 진출하는 것은 부모를 기쁘게 하는 일이고, 또한 신분 상승의 유일한 통로였다. 따라서 과거의 합격은 그만큼 성대하게 축하하고, 기록하며 기념할 만한 일이었다. 관련하여 연회나 축하 행사가 열렸고, 그 과정을 기록한 다양한 그림들이 그려졌다.

　　과거 시험과 관련된 그림을 내용에 따라 크게 분류하면, 풍속화, 기록화, 계회도契會圖, 민화民畵의 네 영역으로 나뉜다. 풍속화는 그 범주가 매우 다양하다. 과거 시험이 치러지는 현장을 전해 주기도 하고, 80세가 넘어서 맞이하는 회방연回榜宴 등 기념적인 장면을 그린 그림이 포함된다. 반면에 기록화와 계회도는 특정한 상황이나 현장을 그렸기에 시각적인 기록물로서의 성격이 강하다. 즉, 문자에 의한 기록보다 더 구체적이고 생생한 현장감을 살필 수 있다. 또한 계회도는 주로 과거 시험의 합격동기생이나 선후배들과 모임을 기념하여 빈번하게 만들어졌다. 만남의 장면을 그린 그림과 참석자의 명단, 그리고 만남을 기념한 글 등이 기본 형식으로 들어간다.

앞에서 언급한 그림과 다르지만, 과거 시험의 합격을 기원하며 그린 그림들도 과거 관련 회화에 속한다. 특히 민화류에 해당하는 그림이 가장 많은데, 대부분 과거 합격의 소망을 빌고, 상징성이 강한 소재들로 구성되어 있다. 이상에서 언급한 그림들을 크게 보면, 과거 시험 자체와는 약간 거리가 있지만, 그것을 둘러싼 주변에서 다양한 기능을 했던 그림들이다.

이 글에서는 과거 시험의 현장뿐 아니라 합격 이후의 후속 과정에 따른 일들에 초점을 두어 다루고자 한다. 이를 위해 본문에서 살펴볼 그림을 네 가지 유형으로 구성하였다. 첫째, 과거 시험의 현장을 그린 그림, 둘째, 과거와 관련된 행사를 그린 그림, 셋째, 과거 시험의 합격 동기생들과 관련된 그림, 넷째, 과거 시험의 합격을 축원하는 그림이 그것이다.

이를 조금 더 부연하여 살펴보면, 먼저 과거 시험장을 그린 그림은 화가가 현장에서 목격하고 관찰한 실상을 구체적으로 그린 것이어서 매우 중요하다. 또한 여러 문헌에 보이는 과거 시험장에 대한 기록들을 시각적으로 확인할 수 있는 자료이다. 그러나 과장을 엿볼 수 있는 그림은 통틀어 몇 점에 불과하여 여전히 아쉬움이 남는다.

둘째, 과거와 관련된 행사로는 합격자를 발표하는 방방放榜, 축하 행사인 연회, 거리에서 이루어진 유가遊街 등이 있다. 이런 행사는 유생들에게 인재로 등용된 기쁨을 알리고 축하의 덕담이 오가는 영광의 순간이므로 그림을 남겨 기념하였다. 이 가운데 방방도와 은영연도는 행사의 장면을 그린 기록화의 성격에 가깝다.

셋째, 과시 합격 동기생들인 동방同榜 및 시관試官과 관련된 그림도 남아 있다. 동방들의 그림이 수적으로 훨씬 많지만, 시관들이 참여한 그림은 한 두 사례에 불과할 만큼 희소하다. 관직에 나아간 동방들은 수시로 만남을 가졌고, 또한 기념물로 그린 방회도榜會圖도 남겼기에 그만큼 과거 관련 회화의 저변을 넓힐 수 있었다.

다시 말하면, 과거 시험 장면에 국한하지 않고 그로부터 연계된 여러 회합의 관행들이 다양한 유형의 그림을 가능하게 하였다. 또한 장르는 다르지만, 과거 시험의 합격에 관한 열망을 담은 민간 회화인 민화民畵는 과거 시험을 둘러싼 민간의 여러 정서를 읽을 수 있는 그림으로 20세기 전반까지 유행하였다.

동방들 사이에서 그려진 그림으로는 방회도와 회방례回榜禮, 회방연回榜宴 관련 그림이 전부이다. 동방들의 관계는 과거 시험으로 맺어진 인연이기에 결속을 중요하게 여겼고, 다양한 사연이 담긴 기록화와 같은 성격의 그림들을 남겼다. 참여자들의 인적사항과 계회의 장소, 모임을 가진 취지 등을 상세히 살필 수 있는 자료이다.

넷째, 과거 시험에 합격하여 관리가 되는 것은 평민계층에서 유일한 신분 상승의 길이었다. 그만큼 합격을 향한 열망은 어느 것에도 비유할 수 없을 만큼 강렬하였기에 그 소망을 빌었던 그림들 또한 다양한 상징과 의미로 그려졌다. 이 그림들은 길상의 의미를 지닌 민화의 영역에 속하며 민간화가들이 그림 소박하고 꾸밈없는 미감을 공유할 수 있는 그림들이다.

과거 관련 그림을 전체적으로 조망해 보면, 어떻게 시험을 보았고, 축하 의식은 어떻게 치렀으며, 어떤 의미와 가치를 그림으로 기록하고자 했는가를 살필 수 있다. 그러한 추억과 기억을 공유하고, 만남을 굳건하게 이어 주며, 기억의 근거로 삼고자 한 열망이 과거 관련 그림의 공통된 특색일 것이다. 또한 그것은 한때의 통과의례가 아니라 일생에 걸쳐 진행된 의미 있는 기록이었다는 점도 공감할 수 있다. 과거 관련 그림이 갖는 문화사적인 의미가 여기에 있다.

1

과거 시험장을 그린 그림

과거 시험을 치르는 과장科場은 어떤 모습이었을까? 과거와 관련된 그림 가운데 시험장의 모습이 가장 흥미롭게 생각될 것이다. 이 그림들 속의 과거 시험장은 사실에 근거하여 그렸을 가능성이 높다. 간혹 사극史劇에 나오는 연출된 과거 시험장의 장면과는 어떻게 다른지 궁금해진다. 그러나 과장을 그린 그림은 전하는 사례가 많지 않다. 몇 점에 불과한 자료이지만, 이 장에서 풍속화와 기록화로 나누어 살펴보기로 한다.

　풍속화는 배경보다 인물묘사가 구체적인 그림이고, 기록화는 과장을 포함한 전체 장면을 보여 주는 것이 특징이다. 또한 풍속화가 개별적인 불특정 다수를 대상으로 했다면, 기록화는 구체적인 일시와 장소, 특정 공간에서 일어나는 상황을 그린 그림이라는 차이가 있다. 풍속화와 기록화는 과거 시험장을 그리는 화가의 시선과 표현이 달라 감상자의 입장에서는 다양하게 살필 수 있는 그림이라는 이점이 있다.

사진기가 없던 시대였지만 과거 시험의 장면들을 사진처럼 그림으로 그려서 기록하고자 한 왕이 있었다. 바로 명종明宗(재위 1545-1567)이다. 명종은 과거 시험을 치르는 현장에 관심이 많았고, 주요 장면들을 그림으로 그려서 기록하게 했다. 기록으로 남기는 것이 목적이었지만, 신하들과 함께 그림을 보며 시를 지어 감상하며 즐기기도 했다.

명종은 1563년(명종 18) 과거 관련 그림 23폭을 그리게 한 뒤, 홍섬洪暹·윤춘년尹春年 등 23명의 신하에게 나누어 주었다. 그리고 칠언율시로 2수씩 시를 지어서 바치게 하였다.[1] 그림은 생원·진사시와 문무과를 포함한 모든 시험을 망라한 내용이다. 즉 그런 그림을 보고서 떠오르는 영감이나 감흥을 시로 옮기게 한 것이다. 명종의 의도는 고위 관리들이 나라의 인재를 선발하는 과거 시험의 다양한 유형들을 숙지하고 그 중요성에 관한 이해를 회화자료를 통해 강조하고자 한 것이었다.

풍속화 속의 과장 풍경

　과거 시험을 치르는 현장인 과장科場을 그린 그림은 일부 풍속화와 기록화로 전한다. 김홍도金弘道(1745-1806(?))의 《공원춘효도貢院春曉圖》와 작자 미상의 〈소과응시도小科應試圖〉, 김홍도 추정 작 〈과장풍경도科場風景圖〉 등이 알려져 있다. 이 그림들의 제작 시기는 18세기 후반기에서 19세기에 걸쳐져 있어 조선 후기 과거 시험장의 일면을 이해하는 데 도움을 준다.

　먼저 과거 시험장을 향해 가는 선비의 모습을 낱장에 그린 그림이 전한다. 화면 오른쪽 상단에 "과가선비"라는 제목이 적혀 있다. 과거 시험 보러 가는 선비라는 뜻이다. 화면에는 두 명의 선비가 등장한다. 지팡이를 짚고 봇짐을 맨 모습으로 보아 멀리 지방에서 올라온 선비로 짐작된다. 실제로 과거 시험장에는 한양의 유생들 보다 지방에서 올라온 응시생들이 훨씬 더 많았다. 그림 속 한 선비의 바지에 흙이 묻은 것을 보면, 갈아입을 옷도 없이 몇 날 며칠 서둘러 올라온 행색이 역력하다. 그런데, 한 사람은 수염이 없는 젊은이의 모습이고, 한 사람은 수염이 덥수룩하다. 젊은 사람이 시험을 보는 응시생이고, 수염을 기른 남자는 젊은이를 수행하며 시험을 잘 보도록 도와주는 사람처럼 보인다. 권세가의 자제들은 시험을 도와줄 사람이나 하인들

그림1 김준근, 〈과가선비〉, 프랑스 국립기메동양박물관 소장

을 대동하고 시험장 안으로 들어가기도 했다.

또 한 점의 그림은 과장에 들어가는 유생을 그린 숭실대학교 한국기독교박물관 소장본이다. 이 두 선비는 각각 돗자리와 종이를 들었다. 돗자리는 깔고 앉기 위한 것이고, 종이는 답안으로 쓸 용도이다. 종이도 여러 종류가 있는데, 자신의 형편에 맞는 종이를 준비했을 것이다. 시험을 보는 유생들은 답안으로 사용할 종이를 자신이 직접 준비하여 가지고 들어가야 한다. 그런 관행들을 이 그림에서 볼 수 있다.

유생들 자신이 쓸 답안지인 '시지試紙'는 과거 시험 전날 구입했다고 한다. 구입한 답안 용지는 녹명소錄名所에서 직인을 받고 등록을 하였다. 시험지의 규격은 국가에서 지정하였는데, 일반 과거 시험인 식년시·증광시·별시 등의 초시에서는 매우 고급 종이인 '도련지搗鍊紙'라는 종이를 썼다고 한다. 16세기부터 생긴 규정에 따르면, 종이 길이는 가로세로 약 83cm이며, 시험에 따라 3장 내지는 4장을 이어 붙여 쓰게 되어 있었다.

시험 전날이 되면 시험장 근처 시장에는 종이가 없어 난리가 나곤 했다고 전해진다. 한양에서 과거 시험이 있는 날에는 시전의 종잇값이 20배 이상 뛰기도 했다.

과거 시험장의 새벽 풍경; 김홍도, 〈공원춘효도〉(18세기)

　　김홍도의 〈공원춘효도〉는 과거 시험장의 새벽 풍경을 그린 것이다. 제목인 '공원춘효貢院春曉'는 그림 위에 강세황姜世晃이 쓴 찬문의 첫 구절을 딴 것이다. '공원貢院'은 과거 시험장을 뜻하고, '춘효春曉'는 봄날의 새벽을 의미한다. 따라서 '공원춘효'라 함은 봄날 새벽의 과거 시험장을 말한다.

　　그림을 보면, 새벽안개가 자욱한 공간에 둥그런 일산日傘이 여러 겹 펼쳐져 있다. 아직 어둠이 자욱한 새벽녘의 풍경이라 하기에는 의외의 장면으로 다가온다. 일산은 파라솔처럼 5-6명이 들어갈 정도로 규모가 크다. 가운데 부분의 일산 하나를 내부가 잘 들여다볼 수 있도록 그렸다.[2] 일산 안에 여러 인물이 등장한다. 자리를 깔고 책을 보거나 종이에 글씨를 쓰는 등 다양한 모습의 인물들이 등장한다. 또한 일산 밖에는 곳곳에 등을 세웠고, 여러 명이 분주하게 서성이며 이야기를 나누는 모습이다.

　　이러한 분위기로 볼 때, 이 그림 속의 현장은 과거 시험이 열리는 시험장 밖의 입구 정도로 추정된다. 그리고 새벽 시간이라면 과거 시험이 시작되기 전날 밤부터 과장의 문이 열리기를 기다리며 밤을 새우고 있는 장면으로 이해된다. 먼저 그림 상단에 쓴 표암豹菴 강세황姜世晃(1713-1791)의 글을 살펴보자.

그림2 김홍도, 〈공원춘효도〉, 안산 김홍도미술관 제공

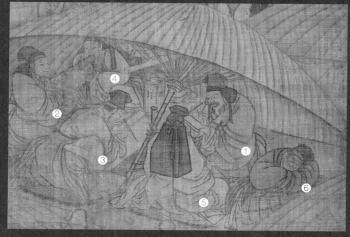

그림3 김홍도, 〈공원춘
효도〉 부분, 안산 김홍도미
술관 제공

봄날 새벽의 과거 시험장, 개미 떼처럼 많은 사람이 한창 글재주(白戰)를 겨루고 있다. 어떤 이는 붓을 멈추고 골똘히 생각하며, 어떤 이는 책을 펴서 살펴보며, 어떤 이는 종이를 펼쳐 붓을 휘두르니, 어떤 이는 서로 만나 짝하여 얘기하며, 어떤 이는 행담行擔에 기대어 피곤하여 졸고 있는데, 등촉은 휘황하고 사람들은 와자지껄하다. 모사摹寫의 오묘함이 하늘의 조화를 빼앗은 듯하니, 반평생 넘게 이러한 곤란함을 경험한 자가 이 그림을 마주한다면, 자신도 모르게 코끝이 시큰해질 것이다.

- 표암豹菴[3]

강세황의 글은 새벽녘 과거 시험장의 모습을 묘사한 것이다. 문장 중에 '춘효春曉'나 "등촉은 휘황하고 사람들은 와자지껄하다(燈燭熒煌人聲搖搖)."라고 한 부분은 그림 속의 현장이 새벽 시간대임을 알려 준다. 여러 정황으로 볼 때, 이곳은 과거 시험장의 입구일 가능성이 크고, 이른 새벽부터 유생들이 나와 시험장의 입장을 기다리고 있는 모습으로 볼 수 있다. 그 이유는 과장에 먼저 들어가 좋은 자리를 차지하기 위해서다. 시험장 안에도 좋은 자리가 있고, 그 자리를 차지해야 합격에 유리하다는 것은 누구나 아는 사실이었다. 사실상 전날 저녁 무렵부터 일산

日傘을 치고 과거 시험장에 먼저 들어가기 위해 기다려야 한다.

그런데, 각 일산 안에는 과거에 응시하려는 유생들만 있는 것이 아닌 듯하다. 응시생의 답안 작성을 돕도록 고용된 사람들이 포함되어 있다. 선행 연구에서는 이 장면에 등장한 사람들에 관한 놀라운 비밀을 알려 주었다. 이 고용인들의 역할은 몇 가지로 나뉜다.[4] 그런데 이 부분은 앞서 인용한 강세황의 글에도 자세히 나와 있고, 그 대목은 그림 속의 현황을 그대로 묘사한 것이라 더욱 흥미롭다.

그림 가운데 앞쪽의 일산 속에는 모두 6명이 등장하는데, 강세황은 이들을 이렇게 묘사했다. ①은 붓을 멈추고 골똘히 생각하는 사람, ②는 책을 펴서 살펴보는 사람이다. ①과 ②는 답안을 작성해 주는 사람을 일컫는 거벽巨擘에 해당한다. ③은 종이를 펼쳐 붓을 휘두르는 사람이라 했는데, 정리된 답안의 글씨를 대신 써주는 사수寫手를 말한다. ④와 ⑤는 자리를 잡아주는 선접군先接軍일 가능성이 있는데, 복장은 모두 유생의 차림새를 했다. 그리고 나머지 한 명인 ⑥은 행담行擔에 기대어 졸고 있는 사람이다. 아마도 잔심부름을 하는 심부름꾼 아이일 것이다. 이처럼 각자의 임무가 다른 사람들이 과거 시험 날 새벽에 모여 최종 역할을 점검하며 시간을 보내고 있는 장면으로 읽힌다.

그런데, 이들 중에는 외모로 보아도 젊은 유생儒生이라기보다 수염이 덥수룩한 중년의 인상착의를 한 인물들도 보인다. 이렇게 부유층 자제의 과거 시험을 도와주기 위해 구성된 한 팀을 '접接'이라 불렀는데, 거접居接 혹은 동접同接이라 했다.[5]

거접, 동접은 서당에서 함께 모여 과거 시험을 준비하며 글짓기 연습을 하는 유생들의 모임이다. 이들은 과장科場에 함께 입장하여 하나의 팀으로 민첩하게 움직였다. 한 사람은 시험문제를 숙지하여 책에서 정보를 찾고, 한 사람은 글을 짓고, 한 사람은 글씨를 써서 일종의 집체 형식으로 과거 답안지를 작성했다. 그리고 여기에 힘 싸움을 하며 자리를 선점할 선접군과 글을 대신 짓는 거벽, 글씨를 잘 쓰는 사수가 끼어서 한 접接을 이루게 된다. 아무리 보아도 명백한 부정행위 전담팀인 셈이다. 김홍도의 〈공원춘효도〉는 이러한 접의 구성원들이 함께 호흡을 맞추고 있는 모습을 그려 넣어 긴장감 넘치는 분위기를 고조시키고 있다.

이들의 부정행위는 재력이나 권세 있는 집안의 자제子弟를 과거에 합격시키는 데 결정적인 역할을 했을 것이다. 결국 〈공원춘효도〉는 과거 시험의 시작 전 부정행위의 준비가 이루어지는 현장을 그려, 감상자가 그 현장을 목격할 수 있게 해 주는 그림이다.

당당한 과거 시험의 기록, 〈소과응시도〉(19세기)

　조선 후기의 풍속화에 《평생도平生圖》라는 그림이 있다. 일
생의 가장 영광스럽고 기념이 될 만한 장면을 여러 폭에 그려
병풍으로 꾸민 것이다. 이러한 평생도는 김홍도金弘道의 전칭 작
을 비롯한 19세기 작이 여러 점 전한다. 정확한 기록은 알 수 없
지만, 조선 후기의 고위 관료들 사이에서 평생도가 크게 유행한
듯하다.[6] 한 개인이 살아온 일생의 극적인 주요 장면들은 평생
도를 통해 화폭에 재현되었다.

　그림에는 생애의 순서에 따라 돌잔치와 혼례식이 들어가고,
과거급제를 알리는 삼일유가三日遊街와 주요 관직의 부임, 그리
고 회갑 · 회혼례 등으로 채워졌다. 이러한 평생도의 주인공이
되려면 적어도 80세 이상 장수해야만 가능하다. 조선 후기의
평생도는 특정인이 누린 삶을 그린 것에서 점차 그 자체가 소망
의 대상으로 일반화되었다. 평생도를 소유한 초기의 수요층은
양반 상류계층이었지만, 차츰 민간으로 확산되었다.

　앞서 본 〈공원춘효도〉와 연관하여 살펴볼 자료가 소과小科
의 과장을 그린 국립중앙박물관 소장 〈소과응시도小科應試圖〉이
다. 10폭으로 된 《평생도平生圖》 병풍 가운데 한 폭이다. 과장을
그린 그림으로는 지금까지 김홍도의 〈공원춘효도〉와 함께 유

일하게 알려져 있다.

　10폭 가운데 세 번째 그림인 〈소과응시도〉는 생원生員 · 진사
進士 시험의 장면을 그린 것이다. 3년에 한 번씩 전국에서 200명
을 뽑아 생원, 진사 자격을 주었다. 시험은 두 차례로 시행되었
다. 1차 시험은 각 지방에서 실시하여 일정한 인원을 뽑았다.
지방에서 합격한 자들을 대상으로 한 2차 시험은 서울에서 치
렀으며, 여기에서 생원과 진사를 각 100명씩 선발하였다. 여기
에 소개하는 〈소과응시도〉는 지방에서 치른 생원 · 진사시 1차
시험의 장면을 그린 것으로 추측된다.

　그런데 시험장이 과거 시험장이라 하기에는 규모가 너무 협
소하다. 그림 속에 그려진 응시자의 수를 세어보면, 고작 서른
명 정도에 불과하다. 실제로 이러한 과거 시험장이 있었을까?
이 장면은 전체 시험장의 한 부분을 연출하여 그린 것으로 이해
된다. 수백 명의 응시생을 좁은 화면에 모두 그리는 것은 불가
능하기 때문이다. 말하자면, 사실에 근거하되 한 부분을 확대하
고 재구성하여 그린 것이다. 그렇다면, 이 그림에서 관료를 꿈
꾸며 첫 과거 시험의 관문에 들어선 응시생들은 어떤 모습으로
묘사되었을까?

　우선 그림의 내용을 살펴보자. 화면 아래에 시험장의 출입
문과 담장이 보인다. 유생들이 모여 앉은 장소가 시험장 내부임

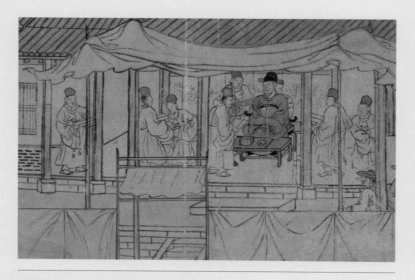

그림 5 《평생도》〈소과응시도〉 부분, 국립중앙박물관 소장

그림 6 《평생도》〈소과응시도〉 부분, 국립중앙박물관 소장

을 설명해 준다. 화면 가장 위쪽의 대청에는 감독관이 좌정해 있고, 주변에는 관리들이 먼저 제출받은 시험지를 옮기거나 중간 현황을 감독관에게 보고하는 모습이다. 따라서 그림 속의 시점은 시험이 진행 중임을 나타내고 있다.

그런데, 과거 시험을 치르는 응시생들은 하나같이 일산을 치고 그 안에서 답안을 작성하는 모습이다. 시험을 보는 장면이라고 하기에는 너무나 무질서하고, 여기에 대한 통제도 전혀 이루어지지 않고 있다. 그림 아래쪽의 사람들을 자세히 살펴보자. 맨 아래의 오른쪽 일산 안의 유생은 답안지에 쓴 내용을 읽고 있고, 그 옆에는 답안 작성에 도움을 준 거벽으로 추정되는 인물이 여유롭게 술잔을 들고 있다. 그 왼편 방향에 앉은 유생도 작성된 답안을 보고 있다. 아마도 대신 써준 답안을 읽고 있는 듯하다. 그 위쪽인 뒤편으로는 수염이 덥수룩한 인물이 유생을 옆에 두고 답안지에 무언가를 쓰고 있다. 준비된 답안을 써주는 사수의 역할을 하는 인물이다. 이러한 적나라한 장면들은 명백한 부정행위의 일면이다.

이런 모습에서 발견되는 특징의 하나는 두 명씩 짝을 이루고 있다는 점이다. 한 사람이 다른 한 사람의 글을 지어 주거나 베껴 써 주는 장면이다. 특히 주목할 것은 얼굴에 수염이 있고, 나이가 들어 보이는 사람과 수염이 없는 젊은이가 한 쌍씩 짝을 이루고 있는 점이다.[7] 나이가 들어 보이는 사람들은 앞서 김홍도의 〈공원춘효도〉에서 보았던 거벽과 사수 등으로 추측된다. 즉, 김홍도의 〈공원춘효도〉에서 보았던 군상群像들이 그대로 또 다른 시험장에 들어와 있는 듯한 모습이 〈소과응시도〉의 장면이다.

과거 시험장에서의 부정행위는 지방에서 치른 소과 1차 시험인 감시監試나 소과 초시初試에서 볼 수 있는 장면으로 추측된다. 1차 시험에 합격한 뒤 서울에 올라와 정해진 인원들만 치르는 시험은 분위기가 이와 달랐을 것이다. 일정한 간격으로 정렬하여 앉아 엄격하게 시험을 치렀고, 따라서 중앙에서 보는 시험은 〈소과응시도〉 속의 모습처럼 부정행위는 사실상 불가능했을 것이다.

그런데, 〈소과응시도〉에서 고려해야 할 점은 이러한 부정행위로 얼룩진 장면을 왜 평생도의 한 폭으로 그렸을까 하는 점이다. 평생도에는 그 주인공의 일생에서 가장 명예로운 장면을 그려 넣어야만 무난할 것이다. 그렇다면, 이 《평생도》의 소유자는 〈소과응시도〉에서 무엇을 이야기하고 싶었던 것일까?

이 그림은 물론 평생도의 맥락에서 해석할 필요가 있다. 생각해 보면, 〈소과응시도〉를 《평생도》의 한 장면으로 설정한 것은 분명 이유가 있을 것이다. 아마도 그림 속의 주인공은 부정이 횡행하는 시험장에서 자신만은 정당하게 시험에 임했음을 이야기하고자 했던 것은 아니었을까. 만약 이 그림의 주인공이 부정행위를 자행했다면, 그러한 부끄러운 모습은 평생도에 싣지 않았을 것이다. 이 그림 속의 주인공은 당당하게 시험을 본 자신의 모습을 시험장 전반에 흐르는 무질서한 장면과 대비시킴으로써 더욱 돋보이게 하려는 의도가 있었던 것 같다.

《평생도》에는 장면마다 주인공을 반드시 그리는 것이 원칙이다. 그래야만 주인공을 중심으로 전개되는 이야기를 감상자가 이해할 수 있다. 그렇다면, 이 〈소과응시도〉에 주인공은 어디에 그려져 있을까? 필자의 추측으로는 응시자들의 무리 가운데 가장 오른편 위쪽에 자리한 인물로 추측된다.

그림 7 《평생도》〈소과응시도〉
부분, 국립중앙박물관 소장

일산 아래에 세 사람이 앉아 있는데, 가장 위쪽에 홀로 앉은 인물이다. 그는 이미 답안을 다 완성하여 제출한 듯 여유로운 모습이며, 정당하게 시험을 보았다는 모습이 인증샷처럼 그려져 있다. 따라서 〈소과응시도〉는 과거 시험장의 실상을 반영하면서도 주인공을 부각시키기 위한 풍자적인 연출이 들어간 그림으로 볼 수 있다.

과장의 풍경은 시험의 종류에 따라 다를 수 있다. 정해진 인원이 치르는 소과의 복시覆試, 대과의 복시와 전시殿試 등은 일정한 간격으로 정렬하여 앉아 시험을 보게 된다. 〈소과응시도〉의 모습과 같은 부정행위는 사실상 어려웠을 것이다. 하지만, 식년시式年試 대소과의 초시初試를 보는 과장은 〈소과응시도〉 속의 풍경과 크게 다르지 않았을 것이다. 무질서하고 부정행위가 만연하는 행태로 치러졌음을 여러 기록에서 찾아볼 수 있다.[8]

또 한 예로 백범白凡 김구金九(1876-1949)가 1892년 해주海州의 과장科場에서 목격한 장면을 표현한 글이 흥미롭다. "큰 종이양산을 들고 도포 입고 유건 쓴 선비들이 접접이 들어가는 대혼잡의 광경은 참으로 볼만하다"[9]라고 한 것은 위에서 살펴본 〈공원춘효도〉나 〈소과응시도〉와 다르지 않은 풍경이었음을 말해 준다. 다만 김구가 해주에서 열렸다는 시험이 향시鄕試였음을 고려한다면, 〈소과응시도〉 속의 장면과도 부합된다고 하겠다.

평생도의 유행과 확산

　고위 관료들이 즐겨 소장한 평생도는 19세기에 이르러 일정 주제와 형식을 갖추게 된다. 그리고 점차 민간으로 확산되어 민간 그림인 민화民畵의 주제로도 활발히 그려졌다. 정형화된 평생도 속에 담긴 출세, 장수長壽, 다자손多子孫 등은 누구나 소망하는 보편적인 염원이었다. 과거 시험 장면도 예외가 아니었다.

　민화로 그려진 평생도 속의 소과응시의 장면은 다른 그림들에서도 볼 수 있다. 송암미술관과 경기대박물관에 각각 소장된 〈소과응시도〉이다. 두 그림은 앞서 살펴본 국립중앙박물관 본과 구성이 비슷하다. 이는 국립중앙박물관 본과 같은 형식의 그림을 범본으로 삼아 베껴 그리면서 약간의 변화를 주었기 때문이다. 이 그림을 그린 화가는 어느 정도 기본기를 갖추었지만, 화원 화가들의 기량에 비하면 현저히 부족해 보인다.

　송암미술관과 경기대박물관의 《평생도》는 19세기 말이나 20세기 초에 그린 것으로 추측된다. 하지만 그림의 내용은 앞서 본 〈소과응시도〉의 구성을 대체로 간직하고 있다. 차이점이라면 그림 속에 등장하는 유생儒生들의 수가 앞 시기의 그림보다 훨씬 많아졌다는 점이다. 이번에는 나이가 들어 보이거나 부정행위를 조력하는 사람들은 보이지 않는다. 그러나 답안지를 두고 대화를 나누는 모습은 여전하다. 유생들의 위쪽에 갓을 쓴 사람들은 앞의 그림에서는 관원들로 나왔는데, 옷이 도포를 입은 일반인의 모습으로 바뀌었다.

평생도는 특정인의 성공한 인생 스토리를 그렸다기보다 출세와 행복을 추구한 많은 사람의 바람을 담은 그림으로 유행하였다. 일반적인 출세에 대한 소망을 담은 그림이었기에 그만큼 많은 수요와 인기를 얻는 것이 가능했을 것이다.

구한말의 흑백 사진에 나오는 어느 양반가의 안방에 놓인

그림 8 **인물사진엽서**, 국립민속박물관 소장
양반가 안방에 놓인 평생도

평생도 한 점이 눈길을 끈다. 정면을 바라보는 후덕한 안방마님의 뒤편에 놓인 병풍이 평생도이다. 아마도 젊은 선비인 남편의 출세를 소망하거나 어린 자녀들의 앞날을 축원하기 위해《평생도》가 이처럼 안방에 놓인 것은 아니었을까.

병풍의 크기가 때때로 그것을 소유한 사람들의 계층을 암시한다. 구매자의 가옥에는 우선 여러 폭으로 된 병풍을 여유 있게 놓을 수 있는 공간이 필요하다. 또한 고가의 금액을 지불해야 하기에 재력도 있어야 했다. 즉 병풍을 구매할 수 있는 수요층은 현실적으로 상류계층이어야 한다.

《평생도》에서 〈소과응시도〉 다음으로 이어지는 장면은 삼일유가三日遊街를 주제로 그린 것이다. 삼일유가는 과거 시험에 합격한 즉시 사흘 동안 고향을 방문하여 합격의 영광을 알리는 의식이다. 앞서 살펴본 국립중앙박물관의 《평생도》 10폭 병풍에서 삼일유가의 장면은 앞서 그린 〈소과응시도〉 속의 주인공이 정당하게 시험을 봐서 합격의 영예를 안았음을 설명해 주는 부분이다. 정직하고 당당하게 실력을 발휘한 합격자에게 더 큰 영광의 순간이 있다는 교훈을 이 〈소과응시도〉가 보여 주고 있다.

1894년 갑오개혁으로 과거제도가 폐지된 이후에도 〈소과응시도〉는 평생도에 빠지지 않고 그려졌다. 평생도 속의 과거 시험은 합격을 기원하는 그림이기보다 출세의 상징을 표현한 이

미지로 널리 그려졌던 것이다.

현재 전하고 있는 평생도 병풍은 대부분 19세기에서 20세기 초에 그려진 것이다. 대표적인 사례는 잘 알려진 〈모당평생도慕堂平生圖〉, 〈담와평생도澹窩平生圖〉 등이다. 화풍은 김홍도金弘道의 그림과 매우 유사하지만, 김홍도풍을 모방한 무명 화가의 그림에 가깝다.[10] 앞의 평생도에서 '모당慕堂'은 17세기에 활동한 홍이상洪履祥(1549-1615)의 호이고, '담와澹窩'는 18세기 인물인 홍계희洪啓禧(1703-1771)의 호이다. 그림 제목을 보면 이 두 사람이 살

그림 9 《모당(홍이상) 평생도》, 국립중앙박물관 소장

왔던 평생의 주요 장면을 그린 것 같지만, 내용은 이들의 일생과 관련이 없다. 이러한 평생도는 나이가 많은 노인을 위한 것이 아니라 젊은 선비의 출세를 소망하거나 어린 자녀들의 앞날을 축원하기 위해 그려진 것으로 추측된다.

그중에서도 〈모당평생도〉는 이후의 병풍 형식 평생도의 제작에 하나의 본보기로 그려졌으며, 이와 같은 도상이 널리 퍼져나가 유행했음을 짐작하게 한다. 그림의 내용은 주로 첫돌, 혼인, 회혼과 같이 일반적으로 겪는 의례와 더불어 과거 합격, 첫

관직 발령, 지방관 부임, 당상관 제수, 정승 역임 등의 관직 생활이 비중 있게 그려져 있다. 또한 병풍의 폭 수가 많아지면 소과응시, 회갑, 과거 합격 60주년을 기념한 회방回榜 등의 장면이 추가로 그려지기도 한다.

김홍도의 〈과장풍경〉(18세기)

　　과거 시험장과 관련하여 볼 수 있는 또 하나의 풍경은 김홍도의 《단원풍속화첩檀園風俗畵帖》에 실린 〈과장풍경科場風景〉이

그림 10 김홍도, 《단원풍속화첩》〈과장풍경〉, 국립중앙박물관 소장

다. 여러 명의 유생이 선 채로 종이를 펼쳐 들고 무언가를 감상하고 있는 모습을 그린 것이다. 그동안 이 그림은 '그림 감상'이라는 제목으로 큰 그림이나 글씨를 여러 사람이 감상하는 그림인 글씨로 전해졌다. 그러나 또 다른 관점에서는 과거 시험장에서 여러 유생이 둘러서서 완성한 답안을 살펴보고 있는 장면으로 해석하기도 한다.[11]

그렇게 해석하면, 이 그림은 노소老少의 연령층가 많이 나는 등장인물들이 모두 성균관 학생이나 유생儒生들이 착용하던 유건儒巾을 쓰고, 과거 답안지인 시권試券을 사방으로 둘러선 채 자세히 들여다보는 장면이 된다. 의외로 과거 시험장의 전형적인 모습을 그린 것으로 소개되고 있다. 이 장면은 부정행위라고 볼 수 없지만, 작성이 끝난 시험지를 제출하지 않고 여러 명이 함께 살펴보는 과정은 잘 이해가 되지 않는다. 과장의 무질서한 모습을 보여 주는 또 하나의 사례라 할 수 있다.

위에서 살펴본 과거 시험장의 일면을 그린 그림들은 모두 소과小科의 향시鄕試를 치르는 장면일 여지가 크다. 이 '소과응시'류와 같은 그림이 모든 과거 시험을 대표하는 그림이라 할 수 없지만, 민화에 이르기까지 다양하게 많이 그려졌다.

기록화 속의 과장 풍경

기록화는 풍속화와 달리 그림 속의 상황과 장소, 등장인물 등을 특정할 수 있는 그림이다. 따라서 현장감이나 실경적 요소가 잘 반영되어 있어 과장의 풍경에 관한 실증적인 정보를 제공해 준다. 여기에서는 경복궁의 유지遺趾, 함경도 길주성吉州城, 백악산 아래의 경무대景武臺 등에서 실행되었던 과장의 모습을 몇 점의 기록화를 통해 살펴본다.

경복궁 유지에서의 정시문과, 〈친림광화문내근정전정시시도〉(1747)

정기 과거 시험인 식년시式年試 외에 임시로 치른 시험에는 증광시增廣試, 별시別試, 정시庭試, 알성시謁聖試, 춘당대시春塘臺試 등이 있다. 이 가운데 정시는 국가에 경사가 있을 때 시행한 경과慶科의 일종으로, 궁궐 안에서 치르던 과거 시험를 말한다.[12] 별시 역시 국가의 경사나 특별한 계기가 있을 때 보았던 시험이다. 여기에서는 정시와 별시의 장면을 그린 기록화를 살펴본다.

과거 시험장을 그린 조선 후기의 풍속화는 등장인물을 구체적이고 정확하게 표현한 반면, 기록화는 세부묘사에 한계가 있지만 과거 시험장 전체의 경관을 기록하듯 화폭에 담은 것이 특징이다. 여기에서 살펴볼 정시는 1747년(영조 23) 경복궁의 옛터에서 시행한 정시문과庭試文科이고, 별시는 1664년(현종 5) 함경도 길주吉州에서 있었던 외방外方 문무과별시에 해당한다. 과시의 현장이 궁궐과 지방이라는 점은 그 공간을 비교하여 살펴볼 수 있는 자료이다. 정시문과의 장면을 그린 그림은 영조가 감상한 것이고, 길주의 문무과 별시를 그린 그림은 기록화로서의 기능에 부합하고자 그린 것이 특징이다.

1747년(영조 23)의 정시문과는 임진왜란 이후 폐허로 남아 있던 경복궁의 유지에서 처음으로 시행된 과거 시험이다.[13] 영조는 1747년의 경복궁 유지에서 행한 정시문과 이후 영조 대에만 17회의 과시와 합격자 발표를 경복궁에서 실시하였다.

영조에게 경복궁은 조선왕조의 창업 정신이 깃든 뜻깊은 상징 공간이었다. 그리고 1747년 9월 19일, 폐허로 남아 있던 경복궁 근정전勤政殿의 옛터를 방문하여 정시를 시행하였다. 경복궁 유지에서 치른 정시문과로는 처음 실행된 것이다. 시험을 마친 뒤에는 합격자를 선발하였고, 영조는 아래의 시를 지어 참석한 신하들에게 화답하도록 하였다.

창업과 중흥은 만세의 법이요　　　創業中興萬世法

청룡과 백호가 걸터앉은 한양성이다.　龍蹲虎踞漢陽城

영조는 여기에서 경복궁이 창업과 중흥의 사적事蹟을 담고 있음을 분명히 지적하고 있다. 또한 근정전의 옛터에서 과거를 실행함으로써 창업과 중흥의 의미를 부각하고 중흥 군주로서의 자신의 위상을 강조하고자 하였다.[14]

이때 참석자들은 영조 임금이 친림한 가운데 정시문과를 치르고 차운시를 짓게 된 것을 큰 영광으로 여겼다. 이를 기념하여 만든 것이 〈친림광화문내근정전정시시도親臨光化門內勤政殿庭試時圖〉(이하 '근정전정시도勤政殿庭試圖'로 표기)이다. 모두 8폭 병풍으로 꾸몄는데, 제1폭은 근정전의 옛터를 그린 그림이고, 제2폭-8폭에는 정시에 참여하여 시를 지은 관리들의 시구와 관직, 성명 등을 기록하였다.

〈근정전정시도〉의 맨 아래에 광화문光化門의 모습을 그렸다. 그 위쪽 공간은 개천이 지나는 흥례문興禮門 터이다. 더 위쪽으로는 소나무 숲을 배경으로 건물의 기단이 남아 있는 근정전勤政殿 터가 보인다. 기단 위에는 흰 천막이 처져 있고 영조가 앉은 붉은 의자가 놓였다. 영조 본인은 그림 속에 존재하지만 그리지 않았다. 궁중기록화에서 왕의 모습은 그리지 않는 것이 예법이었다. 근정전 터 아래로는 마당에 처진 간이 천막과 드문드문 관리하는 이들이 머무는 건물이 보인다. 그 뒤편으로 무성한 소나무 숲과 백악산 자락이 자리 잡고 있다. 그러나 정시의 장

면을 비롯한 관리와 유생儒生들의 모습은 전혀 그리지 않았다.[15] 과시의 장면보다 공간의 상징성을 부여하는 데 중점을 둔 그림으로 이해된다.

그림의 맨 아래에는 돌담이 있고, 그 중앙에 무너진 광화문의 1칸짜리 문 3개가 띄엄띄엄 모습을 드러내었다. 영조 시기 기록에 '광화문'이 간혹 보이는데, 오늘날과 같은 육중한 궁성문이 아니어서 오히려 눈길을 끈다.

영조는 경복궁을 조선왕조 창업의 터전이 되는 공간임을 암시하면서 경복궁 터에서 새로운 중흥의 시대를 이끌 인재를 선발하는데 관심이 많았다. 〈근정전정시도〉는 1747년(영조 23) 경복궁에서의 첫 정시를 기념하기 위해 그린 기념화라 할 수 있

그림 13 한시각, 《북새선은도》, 국립중앙박물관 소장

다. 정전의 옛터에서 실시한 과거 시험은 영조 때 17회를 치렀는데, 그 가운데 1747년이 처음이었다.

함경도 길주에서의 문무과별시,《북새선은도》(1644)

1664년(현종 5) 함경도 길주吉州에서 별시別試가 실시되었다. 별시는 나라에 경사가 있거나 인재를 등용하기 위해 보는 시험을 말한다. 당시 별시의 문무과 시험 장면은 화원 한시각韓時覺 (1621-1691 이후)이 그린《북새선은도北塞宣恩圖》로 전한다. 제목인 '북새선은'은 "임금이 북쪽 변방에 은혜를 베풀다"라는 뜻이다. 풀이하면 변방인 함경도 지역의 민심을 회유하고 인재의 등용

을 위해 길주에서 문무과 시험을 왕명으로 실시한다는 뜻이다. 임금이 베푼 은혜란 곧 문무과 시험을 말한다.

《북새선은도》에는 1664년(현종 5)에 행한 〈길주과시도吉州科試圖〉와 〈함흥방방도咸興放榜圖〉가 하나의 두루마리에 장황되어 있다. 앞부분에 '북새선은北塞宣恩'이라는 예서체隸書体 글씨가 있고, 다음에 문무과 시험을 치르는 장면인 〈길주과시도〉, 이어서 함흥 관아에서 합격자를 발표하고 의식을 거행하는 장면인 〈함흥방방도〉가 들어 있다. 이 두 그림은 회화식 지도처럼 화면을 구성했는데, 인물뿐 아니라 사건의 배경을 이루는 지형과 경관을 함께 묘사하였다.

두루마리의 마지막 부분에는 시험관의 명단, 시험 일자, 제목, 합격자 명단, 합격자 출신군별 통계 등을 기록하였다. 이 별시는 1664년 8월 20일경에 있었고, 합격자 발표와 시상施賞은 같은 해 10월 8일에 있었다.

당시 경시관京試官으로 파견된 사람은 이조판서 김수항金壽恒(1629-1689)이다.[16] 김수항은 과거 시험의 총괄 감독은 물론 함경도의 사정과 민심民心을 파악하여 조정에 돌아와 보고하는 것이 임무였다. 실제로 그가 임무를 완수한 뒤 보고한 내용은 함경도에 문관文官 출신의 지방관을 파견할 것, 어사御使를 자주 보내 순찰할 것, 이 지역 인재의 지속적인 등용, 북방민北方民의 교화

敎化를 위한 노력 등이다.

　김수항은 1664년의 별시 문무과에 모두 시관으로 참여하였고, 나머지 시관은 지방관으로 구성되었다. 문과의 경우 함경도 관찰사 민정중閔鼎重, 함경도도사 어진익魚震翼이고, 무과는 함경남도병마우후 한여윤韓汝尹, 명천도호부사 남숙南淑 등이다. 이 외에 문과 차비관은 문관 출신 지방관이, 그리고 무과 참고관參考官, 차비관差備官, 수차비首差備, 명차비名差備, 차사원差使員 등 무과 출신의 지방관이 많았다.

　《북새선은도》는 이때 왕실에 보고용으로 올린 그림으로 추정된다.[17] 화격畵格이 높고 '북새선은'이라는 표제를 크게 쓴 점, 두루마리의 마지막에 시관試官을 비롯한 합격자의 명단을 자세히 기록한 것은 임금의 어람을 위해 제작하였을 개연성이 크다. 또한 《북새선은도》의 이모본移模本이 전하는 것으로 볼 때, 보고용과 보관용이 함께 제작되었음을 미루어 짐작할 수 있다.

　먼저 살펴볼 〈길주과시도〉에는 칠보산七寶山을 배경으로 한 길주성의 성곽 안에서 무과시험을 치르는 장면이 생생하게 그려져 있다. 〈길주과시도〉에서 시험을 치르는 곳은 건물 양쪽에 익사翼舍를 둔 길주의 객관인 웅성관雄城館이다. 이 객관의 중앙에 문무과 시험을 주관하는 시관들의 모습을 볼 수 있다. 화폭의 중앙에서 약간 사선 방향으로 동향東向을 한 건물이 무과시

그림 14 한시각, 《북새선은도》〈길주과시도〉, 국립중앙박물관 소장

험을 주관하는 곳이고, 그 아래의 남향南向한 건물은 문과 시험
을 집행하는 장소이다.

그림 속의 무과 시험장을 먼저 살펴보자. 외방에서 별시로
치르는 무과 시험의 경우에는 한 번의 시험으로 당락이 결정되

었다. ≪북새선은도≫의 후기에는 함경도 별시의 무과시험에
관한 규식이 다음과 같이 적혀 있다.

육량전六兩箭은 90보에 3개의 화살을 맞혀야 하며, 유엽

전柳葉箭은 5개의 화살을 쏘아 적중이 한 개 이상이어야 하고, 기추騎芻는 1차에 2개 이상이 적중해야 한다. 이 세 가지 중 두 가지 무예를 취한다. 먼저 화살 수를 센 다음 점수를 계산한다, 칠시七矢 40분 9보가 수석이며, 사시四矢 22분 7보 이상을 득점해야 한다.[18]

위의 내용은 당시의 무과시험이 세 과목으로 나뉘어져 진행되었음을 알려 준다. 육량전六兩箭, 유엽전柳葉箭, 기추騎芻가 그것이다. 육량전은 철로 만든 화살촉의 무게에 따라서 나뉘는 것이고, 유엽전은 화살촉이 버드나무 모양이어서 붙여진 이름이다. 〈길주과시도〉에는 세 과목 가운데 기추가 진행되고 있는 장면을 그렸다.

기추는 말을 타고 달리며 활로 표적을 쏘는 시험이어서 '기사騎射'라고도 하는데, 일반 표적과 달리 인형 모양의 표적을 사용하였다. 달리는 말 위에서 5개의 표적을 맞춰야 하는 매우 난이도가 높은 시험이다. 앞서 본 무과 규식에는 1차에 2개 이상을 적중해야 한다고 되어 있다.

기추가 진행 중인 장면을 다시 보면, 10개의 목표물이 좌우로 다섯 개씩 놓여 있다. 과녁 옆쪽으로는 명중 여부를 확인하는 감적수인 차비관差備官들이 있는데, 화살이 명중하면 홍색기

한시각, 《북새선은도》〈길주과시도〉 부분, 국립중앙박물관 소장

紅色旗를 올리고 북을 울렸다. 반면에 명중하지 못하면 백색기白色旗를 올리고 징을 울렸다. 그리고 차비관이 최종 명중과 불발을 알렸다.

시험장의 아래쪽에는 말을 타고 순서를 기다리는 응시자들이 보인다. 대기 공간인 듯하다. 말에서 내려 대화를 나누거나 말의 상태를 점검하는 모습도 현실감 있게 표현하였다. 묘사는 간략하지만 인물의 동세나 형태 묘사가 매우 자연스럽다.

시험장 왼편에 있는 동헌의 안쪽에는 시험관들이 병풍 앞에 기역자로 앉아 있다. 가운데 앉은 이가 경시관京試官일 것이다. 왼쪽으로 종이를 보고 기록하는 관리와 앞쪽에는 모래시계를

그림 16 한시각, 《북새선은도》〈길주과시도〉 부분, 국립중앙박물관 소장

놓고 시간을 재는 관리, 그리고 대 위에서 두루마리를 펼쳐서
읽고 있는 이가 보인다. 그 아래에는 명을 받는 응시자, 그 옆에
는 명중한 화살을 모아서 받치고 있는 인물도 보인다. 진행 요
원인 관졸들은 모두 6명이 등장하는 데 그중에 한 명이 과장을
향해 나팔을 불고 있다. 이들은 각자의 역할이 잘 드러나도록
시간의 순서에 따라 진행되는 일들을 한 화면에 모두 그린 것으
로 보인다.

　다음으로 살펴볼 문과 시험장은 길주 관아의 남쪽 전각과
마당에 마련되었다. 전각 안쪽이 시관들의 처소인데, 중앙에 있

는 빈 좌석이 시관 김수항金壽恒의 자리이다. 무과 시험장에 나
가 비어 있는 의자를 그렸다. 마당에는 시험의 진행을 맡은 붉
은 모자를 쓴 군졸 두 사람이 보인다. 담으로 구획된 시험장 안
에는 초가草家를 얹은 가건물 안에 18명의 문과 응시생이 모여
있다. 시제는 아직 걸리지 않은 듯하다.

그림 속의 상황은 시험이 시작되기 직전의 모습인 듯하다.
그런데 무과 시험장과 비교하면 공간이 협소하다. 응시생들이

그림 17 한시각, 《북새선은도》 〈길주과시도〉 부분, 국립중앙박물관 소장

모두 붉은 복색을 입은 것이 특징이다.[19] 한시각韓時覺의 《북새선은도》를 후대에 모사한 그림이 국립중앙박물관에 한 점 전한다. 두루마리의 구성과 내용은 1664년의 원본과 동일하다.

이번에는 1731년(영조 7)에 시행된 함경도 별시의 장면과 합격자의 발표 의례인 방방의放榜儀를 그린 《북관별과도北關別科圖》한 점이 국립중앙박물관에 전하고 있다. 함경도에서는 1664년 이후 약 10년에 한 번씩 외방 별시가 시행되었는데, 그 전통이 단절되지 않았음을 보여 주는 예이다.

그림 18 《북관별과도》, 국립중앙박물관 소장

당시 별시의 경시관은 문신인 윤순尹淳(1680-1741)이 파견되었다. 화면 구성에 있어《북새선은도》의 구도와 도상을 그대로 따르고 있어 별도의 설명은 생략한다.[20] 《북새선은도》는 당시의 과시科試 장면과 함께 주변의 관아와 성곽 일대의 광경을 사실적으로 묘사함으로써 과거 시험을 치르는 현장에 대한 충실한 시각적 기록이라는 데 의미가 있다.

경무대에서의 과거 관련 행사, 〈경무대도景武臺圖〉(19세기)

〈경무대도〉는 최근에 소개되어 알려진 그림으로 백악산을 배경으로 하여 산 아래의 평지에서 열린 행사장면을 그린 것이다. '대臺'라고 하면 경치를 감상하기에 좋은 높은 위치를 말하는데, 〈경무대도〉 속의 대는 넓은 평지라는 장소적 특징을 갖추고 있지만, 전망을 바라보는 대臺의 성격과는 다른 듯하다.

그림의 내용은 대규모 연회가 열리는 장면으로 추정된다. 연회장에는 햇빛을 가리는 대형 차일遮日을 쳤고, 그 안에는 유생儒生으로 추정되는 인물 40여 명과 고위 관리들이 도열해 앉아 있다. 연회가 열리는 현장은 대형 병풍을 쳐서 가렸고, 악공樂工 9명의 연주에 맞추어 무동舞童이 춤을 추고 있다. 화면의 오른쪽 아래로는 음식상을 나르는 시종들의 모습이 보이고, 그 아

〈경무대도〉, 국립중앙박물관 소장

래쪽으로는 관리들이 타고 온 말과 마부들의 휴식 공간도 그렸다. 화면 왼쪽 상단에 '景武臺'라고 쓴 글씨가 적혀 있다. 이 글씨가 아니었다면 이 그림 속의 공간을 경무대로 정확히 적시하기 어려웠을 것이다.

경무대는 1868년(고종 5) 흥선대원군興宣大院君이 경복궁을 중건한 뒤 신무문神武門 밖의 후원에 융문당隆文堂·융무당隆武堂 등의 건물을 지으면서 만든 공간이다. 당시 경무대에는 오운각五雲閣 등 32동의 건물이 있었다고 하지만, 그림에는 보이지 않는다.

연회가 진행되는 공간 뒤편의 산 정상 부분이 화면 밖으로 잘려 나갔지만, 삼각형 모양의 산세로 보아 북악산을 그린 것이다. 천막 아래에 이 열로 줄지어 앉은 이들은 유건儒巾을 쓴 유생들로 보이고, 모두 각 상을 앞에 두고 있다. 맨 왼편에는 홀로 앉은 고위 관리와 좌우로 3인의 관리들이 역시 소반상을 두고 앉았다. 화면 왼쪽 아래에는 계곡에서 내려오는 물길과 바위가 백악산 아래 공간의 운치를 더해 준다.

이러한 화면 구성과 인물을 작게 그리는 표현, 그리고 차일의 기둥을 사선투시방향으로 설정하여 그리는 방식은 18세기 이전 야외에서의 행사 장면을 그린 궁중기록화와 매우 유사하다. 따라서 이 그림은 다음의 두 가지로 해석된다.

첫째, 〈경무대도〉는 19세기 후반 경복궁 후원에 융무당 등의 건물이 들어서기 이전, 이곳에 유생들을 불러 모아 연회를 갖는 장면으로 볼 수 있다. 그리고 난 뒤 후대에 '景武臺'라는 글씨를 써 넣었을 가능성이 있다. 즉 그림은 18세기 작인데, 19세기에 경무대가 조성된 뒤에 누군가가 이 그림에 '경무대' 세 글자를 써 넣은 것일 수 있다.

둘째는 19세기 후반의 경무대에서 과거 시험을 치른 뒤 유생들의 노고를 위로하기 위한 연회를 열고서, 전통화법에 따라 현장의 경관과 장면을 그렸을 수 있다. 『고종실록』에서 경무대에 관한 기록을 보면, 과거 시험을 매우 자주 실행했던 공간으로 나온다. 실록에 기록된 첫 번째 기사는 고종 6년(1869) 3월 20일이다. 고종이 경무대에 나아가 경과정시慶科廷試를 행한 기록이다. 1869년부터 과거 시험장으로 활용되었음을 알 수 있다.

나머지 기록에도 각종 과거 시험, 예컨대 임금의 특명으로 치르는 과거 시험인 응제應製를 비롯하여 알성시謁聖試, 전시殿試, 성균관의 유생들을 대상으로 한 시험인 추도기秋到記와 춘도기春到記, 이외에 감제柑製, 삼일제三日製, 구일제九日製, 칠석제七夕製 등 매우 다양한 시험들이 여기에서 치러졌다. 마지막 기록은 『고종실록』의 고종 31년(1894) 2월 27일이다. 고종이 경무대에 나아가 인일제人日製를 행한 기사이다. 『고종실록』만 보더라도 1869년부터 1894년까지 약 26년간 각종 과거 시험이 이곳 경무대에서 활발히 진행되었음을 알 수 있다.

위의 〈경무대도〉의 화풍은 18세기 작에 가깝고, 과거 시험과 관련된 행사로 본다면 19세기의 경무대와 밀접한 관련이 있어 보인다.

성균관 유생들의 경서 문답, 〈성균관친림강론도〉(1748)

임금이 성균관에 나아가 유생들에게 경서經書의 내용을 문답하게 하고서 이를 기념하여 그린 그림이 전한다. 고려대학교 박물관 소장의 〈성균관친림강론도成均館親臨講論圖〉이다. 이 그림은 임금이 친림한 가운데 알성시謁聖試를 치르는 장면으로 잘못 알려진 적이 있다. 화면상에도 시험을 보는 장면은 보이지 않는다. 사실은 국왕이 성균관의 문묘文廟에서 참배하는 알성례謁聖禮를 마친 뒤 유생들을 불러 경서經書에 대한 강의와 문답을 행하게 한 장면을 그린 것이다.

이 그림은 성격상 왕이 참석해 있는 장면을 그린 일종의 행사도나 기록화에 가까운데 그림의 수준은 매우 소략하다. 아직 수련기에 있는 초급 화원이나 민간의 화가가 원화原畫를 모방하여 그린 것으로 추정된다. 인물 묘사도 세련되지 못한 필치가 역력하다.

그림 상단의 배경에는 성균관의 상징인 문묘를 좌우대칭형으로 그렸다. 뒤편에는 문묘의 상징이라 할 큰 은행나무가 그려져 있다. 중앙에 있는 건물이 명륜당明倫堂인데, 기단이 지금과 달리 석축이 아닌 나무 기둥으로 되어 있다. 그 아래 중앙에는 차일을 펼쳐 그늘을 만든 뒤 왕이 남쪽을 향해 의자에 앉아 있는 상황이다. 예법상 왕의 모습은 그리지 않았다. 주위에는 고위 관리들이 왕을 보좌하며 마주하여 서 있다.

그 아래의 공간 좌우에는 경호를 담당하는 군사들이 바깥

그림 20 〈성균관친림강론도〉, 고려대학교박물관 제공

방향을 향해 경계를 서고 있다. 그 안쪽으로는 유생들이 좌우로 늘어서 있다. 아래쪽 공간에는 평가관이 책상을 놓고 앉았고, 그 아래 맞은편에 유생들이 한 명씩 앉아 물음에 답하는 상황을 그린 것이다. 그 주위에는 대기하는 유생과 진행을 맡은 관리들이 분주한 모습으로 그려져 있다. 화면 맨 아래에는 곡선으로 만든 다리인 홍예虹霓 위에 역시 경호에 만전을 기하는 군사들이 그려져 있다.

그림 21 〈성균관친림강론도〉 부분, 고려대학교박물관 제공

국가에서는 유생이 성균관에 머물며 공부하는 것을 장려하고자 했다. 따라서 국왕이 불시에 방문하여 유생들이 식당에 출입할 때 남긴 기록인 도기到記에 이름이 적힌 유생들을 불러 강경講經이나 제술製述 시험을 보았다. 이를 도기과到記科라 한다.[21] 이를 통해 성적이 우수한 유생 몇 명에게는 문과의 2차 시험인 회시會試에 직접 응시할 수 있는 특전을 주기도 했다. 조선 후기에는 봄과 가을에 도기과를 실시하였으며, 제술과 강경을 시험하여 한 사람씩 뽑아서 급제에 준하는 자격을 주기도 하였다.

그런데 도기과가 실시되는 과정에는 많은 혼란이 야기되기도 했다. 식당에는 생원·진사들이 서로 밀치고 몸싸움을 하여 다른 사람들이 쓰려는 붓과 종이를 빼앗는 등 부정적인 행태가 드러나기도 했다.

〈성균관친림강론도〉는 소략한 그림이지만, 임금이 지켜보는 가운데 강론하는 상황을 그린 그림으로는 매우 희소한 사례이다. 세로 길이가 긴 화면에 경물과 사람들을 위로부터 나열하듯이 그리는 구성 방식과 인물을 획일적인 형태로 반복하여 묘사하는 방식은 이 그림을 그린 시기를 19세기로 추정하게 한다.

2

과거 관련 행사를 그린 기록화

과거 시험과 관련된 그림은 합격자의 발표 이후에 진행된 여러 행사 장면을 그린 기록화로도 확장된다. 합격자를 공식적으로 발표하는 장면인 방방도放榜圖, 그와 더불어 진행되는 공식적인 축하연, 그리고 합격자가 합격 인사를 올리는 삼일유가三日遊街 등이 그 기록화에 속한다. 이 그림들에는 그림 이외에 참석자의 명단과 발문도 수록하였는데, 기본적으로 기록적인 요소가 강한 그림들이다. 또한 인근 지역 수령들로 구성된 시관試官들도 시험을 마친 뒤 회포를 풀기 위한 모임을 갖고 역시 그림을 남겼다.

방방도 및 은영연도恩榮宴圖

방방放榜이란 과거 시험의 급제자를 발표하는 의식을 말한다. 방방은 문무과와 소과小科 급제자를 발표한 뒤 길한 날을 택하여 거행하는 것이 일반적이다.

여기에서 살펴볼 〈함흥방방도〉와 〈낙남헌방방도洛南軒放榜圖〉는 두 점 모두 별시를 치른 뒤에 행한 합격자 발표 장면을 그린 것이다. 〈함흥방방도〉는 1664년(현종 5) 함경도 길주에서 치른 외방 별시의 합격자 발표 의식을 그린 것이다. 장소는 함흥의 객사인 함산관咸山館이다. 〈낙남헌방방도〉는 1795년(정조 19) 화성행궁華城行宮 안에서 치른 정시 별시의 합격자 발표의식을 행하는 장면이다. 길주에서의 과시를 보고서 함흥에서 방방하기까지는 48일이 걸렸는데, 화성행궁에서의 별시는 당일 시험을 보고, 당일 합격자를 발표하는 즉일방방卽日放榜이었다. 두 점의 방방도에 관하여 살펴보자.

함흥 객관에서의 합격자 발표, 〈함흥방방도〉(1664)

〈함흥방방도〉는 함흥의 객관에서 과거 시험의 합격자를 발표하는 장면을 그린 것이다. 함흥읍성의 진산인 반룡산盤龍山을

한시각, 《북새선은도》〈함흥방방도〉, 국립중앙박물관 소장

배경으로 하여 중앙에 타원형의 성곽을 그린 뒤 그 안에 주요 장면들을 표현하였다. 특히 인물과 건물의 묘사가 정확하여 기록화의 특색을 잘 드러내었지만, 전체적으로 17세기 실경산수화의 면모도 엿볼 수 있다.

〈함흥방방도〉에서 합격자를 발표하는 건물은 함흥의 객사인 함산관咸山館이다. 함산관의 뒷면에는 안개로 처리한 기와지붕들이 보인다. 이곳은 여러 관아건물이 모여 있는 곳으로 추정된다. 1731년에 그린 〈북관별과도〉에는 그 건물들의 명칭이 자세히 적혀 있어 지리적 현황을 파악하는 데 참고가 된다.

그림의 가장 북쪽 상단에 그린 곳은 북산루北山樓이고, 그 오른쪽은 송림松林이 있음을 알 수 있도록 소나무 숲을 크게 그려 강조하였다. 성곽의 동쪽과 서쪽에 각각 문이 보이는데, 누각의 형태를 취했다. 성곽 안에는 군데군데 민가들이 보인다.

〈함흥방방도〉에서 합격자 발표의식을 행한 날짜는 1664년(현종 5) 10월 8일이다. 방방이 거행된 객사의 건물 안쪽에는 임금의 전패殿牌가 붉은 탁자 위에 놓여 있다. 전패는 왕의 초상을 대신하여 '전殿' 자를 새겨 지방 관아의 객사에 세운 목패木牌를 말한다. 그 앞의 보안寶案 위에 놓인 향로와 두 개의 촛대가 보인다. 임금이 직접 현장에 참석할 수 없었기에 전패를 모셔 두고 의식을 진행하였다.

전패가 있는 건물 안에는 5명이 자리 잡고 있다. 엎드려 절을 올리는 사람은 경시관 김수항金壽恒으로 추정된다. 그 좌우에는 동서로 각 2명씩 시위侍衛 관원이 서 있다. 대臺 위에 좌우로 놓인 일산 아래에는 합격자에게 내려 줄 어사화御史花와 홍패紅牌가 그려져 있다. 홍패는 서울에서 직접 만들어 이송해 온 것이다. 〈함흥방방도〉의 왼쪽 하단 만세교萬世橋 아래에 두 개의 소달구지가 강을 건너고 있는 장면을 들어 달구지에 실린 것이 어사화와 홍패로 보는 해석도 있다.[22]

대로 올라가는 계단 위쪽에는 합격자의 이름을 부르는 두 명의 문무과 방방관放榜官이 방안榜案 뒤에 서 있다. 서쪽은 무과 방방관, 동쪽은 문과 방방관이다.

이 별시의 합격자는 문과 3인, 무과 300인이다. 갑을병과의 순으로 대열을 맞추어 섰다. 문과 합격자는 3인을 그렸지만, 무과 합격자는 23명만이 그려져 있다. 300명을 제한된 화면 속에 다 그릴 수 없었으므로 대표 격으로 23명만 그린 것이다. 중앙을 기준으로 문반文班은 오른쪽. 무반武班은 왼쪽에 서 있다.[23]

문무과의 장원급제자에게는 일산日傘을 내려 주었다. 합격자들은 청, 홍, 녹의 삼색 의복을 착용한 모습이다. 전정殿庭의 동쪽과 서쪽에는 십여 명의 군사들이 나열해 있고, 그 앞에는 문무백관文武百官이 도열하였다. 방방의放榜儀에서는 길 동쪽에 문관 1품 이하의 자리를 설치하였고, 서쪽에 종친宗親과 무관 1품 이하의 자리를 설치하여 매품마다 서로 마주 보도록 규정하였다.[24] 아래쪽에는 악공들과 헌가軒架가 위치해 있다. 〈함흥방방도〉에는 인물 묘사가 다소 딱딱해 보이는데 이는 공식적인 의식을 치르기 위한 기록화의 특성 때문일 것이다.

1731년(영조 7) 함경도에서 실행된 문무과 별시를 기념하여 제작한 《북관별과도》에도 함흥에서의 합격자 발표와 비슷한 장면이 연출되었다. 별과는 비정기적으로 열리는 과거 시험으

《북관별과도》〈함흥방방도〉, 국립중앙박물관 소장

로 평안도, 함경도, 강화, 제주 지역이 그 대상이었다. 국왕의
특명을 받은 중신이 파견되어 별과를 시행하였다.

　조선시대에 북관의 과거 합격자는 시험에 합격했음에도 불
구하고 부당한 차별 대우를 받아 관직 진출이 쉽지 않았다. 그
러나 숙종과 영조는 오히려 이들에게 관직 수여를 우선하여 배
려하였다. 숙종은 무관을 등용할 때 최종 후보자 명단에 출신
지방을 표시하게 하여 북부 출신자들에게 관직 진출의 길을 더
많이 배려해 주었다. 영조는 북부 출신에게 홍문관弘文館의 관리

가 되는 자격을 주는 통청通淸을 시행하는 등 북부 지역 과거 합격자들의 관직 진출에 힘을 실어 주었으며, 이들을 도울 수 있는 다양한 방안을 모색하였다.

낙남헌에서의 합격자 발표. 〈낙남헌방방도〉(1775)

《화성능행도병》은 정조正祖 임금이 1795년(정조 19) 사도세자 思悼世子(1735-1762)의 묘소 현륭원顯隆園이 있는 화성華城으로 행차하여 거행한 주요 행사를 8첩 병풍에 그린 기록화이다. 1795년은 정조의 부친 사도세자와 어머니 혜경궁惠慶宮 홍씨의 동년 회갑回甲을 맞는 해이므로 혜경궁을 모시고 함께 화성의 행행을 결정하였다.

여기에서 살펴볼 〈낙남헌방방도洛南軒放榜圖〉는 화성행차의 셋째 날인 윤2월 11일 오전에 낙남헌에서 과거 시험을 치른 뒤, 같은 날 오후 합격자를 발표하고 시상하는 장면을 그린 그림이다. 날 아침 진시辰時(아침 7-9시)에 행궁 내 낙남헌에서 정조가 친림한 가운데 문무과 별시를 거행하는 의식을 가졌다. 문과 시험은 우화관于華館에서 치러졌다.[25] 이날의 과거는 문무과 정시 별시로 화성부와 인근지역인 광주廣州, 시흥始興, 과천果川 출신의 유생과 무사武士들에게만 참가 자격이 주어졌다. 급제한 사

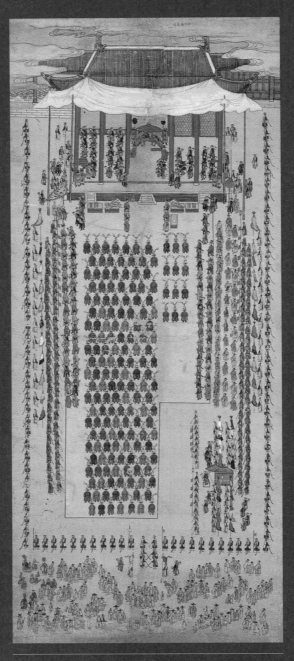

그림 24 《화성능행도병》〈낙남헌방방도〉, 국립중앙박물관 소장

람은 문과 5명, 무과는 56명이었다.

　문무과 합격자의 명단을 공개하는 의식인 방방의放榜儀는 미정未正(오후 2시)에 이루어졌다. 오전 9시부터 시험을 보았다 하더라도 채점과 합격자 발표까지 상당히 신속히 진행되었다. 〈낙남헌방방도〉는 관련 기록들을 생생한 현장의 장면으로 형상화하였다. 낙남헌 안에는 어좌 뒤편에 남쪽으로 펼쳐 놓은 오봉병五峯屛 앞에 정조가 좌정하였다. 산선시위繖扇侍衛와 승지, 사관士

그림 25 《화성능행도병》〈낙남헌방방도〉 부분, 국립중앙박물관 소장

官, 규장각신奎章閣臣, 정리당상整理堂上 등 입시관원들이 융복戎服을 입고 엎드려 있다. 계단 아래에는 급제자의 이름을 호명하는 방방관放榜官, 치사를 대신 낭독하는 대치사관代致詞官, 시험감독을 한 이조정랑과 병조정랑 등의 집사관執事官 등이 서 있다.

합격증인 홍패가 놓인 홍패안紅牌案, 임금이 하사한 어사화가 놓인 어사화안御賜花案, 술과 안주가 마련된 주탁酒卓은 따로 준비되었다. 공복 차림의 문무과 급제자들이 각각 좌우에 나누어 섰는데, 머리에 모두 어사화를 꽂았다. 길 동쪽에 1품 이하의 문관이, 서쪽에는 종친과 1품 이하의 무관이 융복에 깃을 꽂고 급제자들을 바라보는 방향으로 서 있다.

방방의 절차는 음악이 울리고, 호명에 따라 문과 급제자는 오른편에 무과 급제자는 왼편으로 늘어서서 국왕에게 사배례四拜禮를 올렸다. 그다음 문과 방방관과 무과 방방관이 합격자를 교대로 부르면 이조정랑은 문과 급제자에게 병조정랑은 무과 급제자에게 각각 홍패를 주었다.

다음으로 꽃과 술을 합격자에게 내렸다. 어사화를 내리는 일은 충찬위忠贊衛가 맡았고, 술은 본부에서 맡는다고 했다. 술이 나오면 합격자들은 자리에서 약간 앞으로 나아가 부복俯伏하고, 무릎을 꿇은 다음 마시고, 다 마신 다음에는 부복하고 자리로 돌아와 한 작酌으로 마셨다. 다음에는 갑과 합격자에 한하여 햇빛 가리개인 개蓋(日傘)를 내렸다.[26] 이 장면은 어사화를 하사받은 뒤의 모습을 그린 것으로 이해된다.

『원행을묘정리의궤園幸乙卯整理儀軌』에 실린 의주儀註에는 방방의放榜儀에 대한 자세한 절차가 기록되어 있다. 그런데 부분적으로 의주와 그림이 일치하지 않는 면이 있다. 물론 복잡한 의주의 절차를 모두 그리기 어렵고, 특히 시간에 따라 전개되는 의식의 과정을 한정된 화면에 모두 그린다는 것은 불가능한 면도 있다. 예컨대 〈낙남헌방방도〉에서 당일 문무과 시험을 마치면, 방안榜案 즉 명단을 놓을 안案을 장전帳殿에 설치한다고 했으나 그림에는 이 방안은 그려져 있지 않다. 〈함흥방방도〉의 경우에는 무과급제자 3백 명을 다 그리지 않고 27명만을 그렸다. 3백 명을 다 그리기가 현실적으로 어렵겠지만, 27명만을 그린 근거는 명확하지 않다.

임금이 내린 축하 잔치의 기록, 은영연도恩榮宴圖(1580)

과거 시험의 합격증인 홍패紅牌를 나누어 주는 방방 의식이 끝난 뒤에는 임금이 내리는 축하 잔치인 은영연恩榮宴이 기다리고 있었다. 처음에는 문과와 무과로 나뉘어 따로 연회를 가졌으나 태종 대부터는 함께 시행하였다.[27]

은영연은 의정부議政府 청사廳舍에서 주로 열린 적이 많았다. 초기에는 의정부에서 주관하였으나 1414년(태종 14)부터는 시행 주체가 예조로 바뀌었다. 그 뒤 세종 대부터는 다시 의정부에서 은영연을 개최하였다.[28] 은영연에 임금은 참석하지 않았고, 술과 음식인 선온宣醞을 내려 보내 합격자들을 위로하고 축하하였다. 영의정이 연회를 주관하는 압연관押宴官으로, 호조, 예조, 병조판서를 부연관赴宴官으로 참석하였다. 당상堂上에 압연관, 부연관, 문무시험관 등이 앉고, 당상에 이르는 동쪽에 문과급제자, 서쪽에 무과급제자가 앉는 것이 원칙이다.[29]

일본 요메이분코(陽明文庫) 소장의 〈과거은영연도科擧恩榮宴圖〉는 1580년(선조 13) 알성시謁聖試의 급제자에게 국왕이 내린 은영연의 장면을 그린 기록화이다.[30] 요메이분코 소장본을 조선 후기 무렵에 옮겨 그린 이모본移模本이 일본 도쿄국립박물관에 소장되어 있다. 본고에서는 도쿄국립박물관의 이모본을 갖고 살펴보기로 하겠다. 원본을 똑같이 옮겨 그린 것이므로 그림 속의 도상을 고찰하는 데에는 문제가 없다.

조선왕조 때 임금이 성균관 문묘文廟의 공자 신위神位에 참배하는 것을 알성謁聖이라 하였고, 국왕이 알성례를 하고 난 뒤 성균관에 친림親臨하여 성균관 유생들을 대상으로 보았던 시험이 알성시이다. 알성시는 문과와 무과만 실시하였으며, 문과는 시

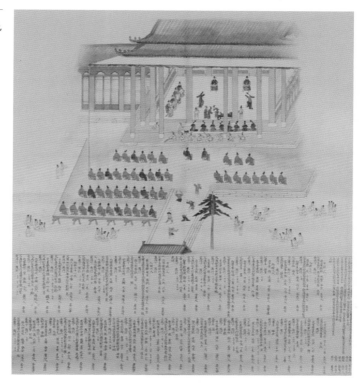

그림 26 〈과거은영연도〉,
일본 도쿄국립박물관 소장

험시간이 짧았고, 당일 합격자를 발표하였다. 따라서 시관試官 인원이 많이 필요했으나 합격 인원은 일정하지 않았다.

화면 상단에는 의정부에서 열리는 연회의 장면을 그렸고 아래에는 참석자들의 인적사항을 기록하였다. 시험관은 영의정 박순朴淳(1523-1589) 등 6명이고, 급제자는 무과 38명, 문과 12명이다.[31] 『선조수정실록』 선조 13년 2월 1일 기사에는 "상이 성균관에 거둥하여 알성하고 선비들에게 시험을 보여 황치성黃致誠

등 12인을 뽑았다"라고 되어 있다.

화면에는 의정부 건물 대청이 보이고, 북, 동, 서, 남의 순서로 자리 서열인 좌차座次를 정하여 앉아 있으며, 광대들이 공연을 펼치는 가운데 계단 위에는 8명의 악공과 기녀들이 북쪽을 향하여 자리 잡았다. 건물 안에는 시험관 6명이 독상獨床을 받아 두고 공연을 감상하고 있다. 건물 외부에는 대기 중인 기녀들과 음악을 연주하는 악사들이 줄지어 앉아 있다. 은영연에는 악인樂人 10명, 기녀 10명을 장악원掌樂院에서 주관하여 보내는 것이 상례였다고 한다.[32] 그림에는 문무과의 급제자들 사이로

그림 27 〈과거은영연도〉부분, 일본 도쿄국립박물관 소장

재주 넘기를 하는 재인才人들의 모습이 역동적으로 그려져 있다. 재인들이 모습을 드러낸 장면은 이 그림이 유일하다.

아래쪽의 기단에는 어사화御史花를 꽂은 합격자들이 앉았다. 왼편이 무과급제자 38명이고, 오른쪽이 문과 급제자 12명이다. 문무과에서 장원을 한 사람은 맨 앞줄에 자리가 따로 마련되어 있다. 마당에는 급제자를 수행해 온 시종들이 모여 앉아 공연을 바라보고 있다.

세종대에는 은영연이 끝난 문무과 급제자들이 왕에게 은영연의 하사에 감사하는 전문箋文을 올렸다.[33] 은영연은 본래 과거가 있을 때마다 시행하였으나 성종 대 이후에는 점점 뜸해졌고, 1580년(선조 13)에는 여유길呂裕吉 등에게 은영연을 내린 것이 오히려 특별한 일로 기록되었다. 1580년 이후 공식적으로 은영연을 시행하였다는 기록은 보이지 않는다. 이로 미루어 보면, 은영연은 16세기를 거치면서 점차 줄어들어 결국 폐지되었던 것으로 보인다.

시관試官들의 기록, 〈인동감시시관계회도〉(1580년대)

조선시대 시관試官에는 고시관告示官·감시관監試官·차비관差備官 등이 있으며, 국왕이 친림하여 거행하는 시험인 전시殿試에는 대독관對讀官·독권관讀券官으로 바뀌어 임명되었다. 향시의 경우 문과는 각 도의 문과 출신 수령守令과 교수관敎授官이, 무과는 각 도의 병마절도사兵馬節度使가 시관으로 임명되었다.

시관들이 남긴 기념물은 여기에서 소개할 계회도契會圖 외에는 거의 알려진 것이 없다. 1580년대 작으로 추정되는 〈인동감시시관계회도仁同監試試官契會圖〉는 이언적李彦迪(1491-1553)의 아들 이응인李應仁이 감시에 시관으로 참여하여 분급 받은 것이다.[34] 지방에서 치러진 감시監試를 마친 시관들이 모임을 갖고 제작한 것이다.[35]

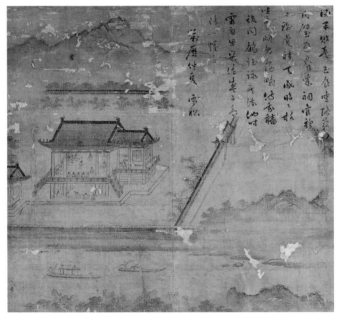

그림 28 〈인동감시시관계회도〉, 개인 소장

인동仁同은 지금의 경상북도 선산善山·구미龜尾 인근 지역을 말한다. 감시란 지방에서 치러지는 향시鄕試로서 각 도道의 관찰사가 주관하여 각도에 배당된 생원진사를 뽑는 시험이다.

인동 감시의 총감시관總監試官은 경상도관찰사였고, 인근 지역의 부사府使·군수郡守·현령縣令·현감縣監 등이 시관으로 참여하였다. 지방 감시의 시관들은 반드시 문과文科에 합격한 수령이어야 했다. 인동 감시의 시관으로 참여한 자들의 명단은 아래의 【표 1】와 같다.

	성 명	품계 관직	자(字)	본관
1	유영립(柳永立)	가선대부 경상도관찰사 겸병마수군절도사 (嘉善大夫 慶尙道觀察使 兼兵馬水軍節度使)	입지(立之)	전주
2	김찬(金瓚)	통정대부 행김해도호부사김해진병마첨절제사 (通政大夫 行金海都護府使金海鎭兵馬僉節制使)	숙헌(叔獻)	광주
3	김해(金澥)	통훈대부 행밀양도호부사대구진관병마동첨절제사 (通訓大夫 行密陽都護府使大丘鎭管兵馬同僉節制使)	사회(士晦)	예안
4	최윤덕(崔潤德)	봉정대부 행양산군수경주진관병마동첨절제사 (奉正大夫 行梁山郡守慶州鎭管兵馬同僉節制使)	자(眸)	전주
5	권두문(權斗文)	통선랑 수청도군수대구진관병마동첨절제사 (通善郞 守淸道郡守大丘鎭管兵馬同僉節制使)	경앙(景仰)	안동
6	이간(李幹)	통훈대부 행경산현령대구진관병마(절)(제)도위 (通訓大夫 行慶山縣令大丘鎭管兵馬(節)(制)都尉)	간지(幹之)	전주
7	이응인(李應仁)	중직대부 행령산현감대구진관병마절제도위 (中直大夫 行靈山縣監大丘鎭管兵馬節制都尉)	경이(敬而)	여주
8	이문전(李文筌)	무공랑 수공원현감김해진관병마절제도위 (武功郞 守恭原縣監金海鎭管兵馬節制都尉)	군응(君應)	신평
9	김응룡(金應龍)	종사랑 성균관권지창원교수(從仕郞 成均館權知昌原教授)	시견(時見)	의성
10	이정(李瀞)	선무랑 자여도찰방(宣務郞 自如道察訪)	사결(士潔)	덕수

표 1 〈인동감시시관계회도〉(1580년대)의 좌목座目 표

지방에서의 향시는 도별로 좌우 또는 남북으로 나누어 실시했고, 향시의 시험관은 관찰사가 임명하였다. 그런데, 계회도 속의 감시는 경상좌도慶尙左道의 향시였다. 시관들이 대구진관大丘鎭管, 김해진관金海鎭管, 경주진관慶州鎭管에 소속된 경상좌도의 지방관들이기 때문이다. 이때 상시관上試官은 경상도관찰사인 유영립柳永立이었고, 참시관은 김해도호부사 김찬金瓚과 밀양도호부사 김해金瀣가 맡았다. 이를 제외한 나머지 여섯 사람도 각기 임무를 분담하여 참여하였다.

이들의 시관계회는 향시를 마친 뒤 사적으로 가진 것이다. 시관으로서 향시를 주관하여 무사히 마친 사실과 여러 지방관이 함께 참여한 것을 기념하기 위해서였다. 계회도 속의 장면으로 볼 때 당시의 모임이 강가에 인접한 누정樓亭에서 열렸음을 알 수 있다. 누정의 묘사는 자를 대어 그린 듯한 계화법界畵法을 사용하였으며, 시점과 투시법이 일관되게 적용되어 있다. 관원들은 좌차座次에 따라 독상獨床을 앞에 두고 앉았으며, 기녀와 악사도 동원되었으나 계회 장면에서는 절도 있고 검약한 분위기를 읽을 수 있다.

시관들의 계회는 정기적인 모임이 아닌 한 번의 만남으로 끝났지만, 이 경우도 계회도를 제작하였다. 그림은 계회의 모임 장면과 그 주변의 장소적 특징을 화폭에 담았다. 지방에서 치러

그림 29 〈인동감시시관계
회도〉부분, 개인 소장

진 감시에 참여한 시관들의 구성을 살펴볼 수 있는 자료이다.
그림의 화풍에는 16세기 후반기의 특징이 잘 나타나 있다. 예
컨대 원산과 언덕의 묘사에는 짧은 점과 선묘로 골격을 나타내
는 단선점준短線點皴이 뚜렷하다. 지방에서 활동한 직업 화가가
그렸을 가능성이 크다는 점에서 주목되는 작품이다.

3
___

과거 합격 동기생들의
기록화

과거 시험의 합격자를 알리기 위해 합격자의 명단을 써서 붙이는 것을 방榜이라고 한다. 이 방에 이름이 함께 오른 동기생들은 '동방同榜'이라 불렸고, 그들의 모임은 방회榜會라고 했다. 방회는 소과小科인 사마시나 대과인 문과 합격자들 사이에서 이루어졌으며, 동기생들 간의 친목과 우호를 다지기 위한 회합이었다. 동방의 관료들은 관직 생활을 하는 동안 강한 연대감을 유지하였고, 여기에서 비롯된 결속력은 이들이 일생 관직에 있으면서 상부상조하는 인간관계의 기반이 되었다.

과거 합격 동기생들의 방회榜會

　방회 관련 문헌기록과 현존하는 작품으로 볼 때, 방회도는 17세기에 가장 활발히 제작되었다. 17세기의 방회도는 지금까지 7점이 조사되었는데,[36] 사마방회도司馬榜會圖가 비교적 많은 편이다. 사마시 동방들의 방회가 문과방회文科榜會 보다 수적 우위를 차지할 만큼 빈번하게 실행되었기 때문이다.[37]

　방회도에 기록된 내용을 보면, 우선 방회의 장소가 서울과 지방으로 나누어졌음을 볼 수 있다. 지방에서의 방회는 지방관으로 근무하거나 공무로 인해 지방에 체류하는 동안 만나게 된 과시 동기생들과 이루어진 경우이다. 예컨대 경남대박물관과 국사편찬위원회에 각각 소장된 〈계유사마방회도癸酉司馬榜會圖〉(1602) 2점과 개인소장의 〈신축사마방회도辛丑司馬榜會圖〉(1602), 그리고 함경도 의주에서 제작된 개인소장의 〈기축사마방회도己丑司馬榜會圖〉(1603)가 그 예이다.

　방회에 관한 기록은 문과보다 사마시 동기생들의 사례가 많았다.[38] 사마시는 문과에 응시하기 위한 예비시험이지만, 선발 인원이 200명에 달했고, 관직에 나아갈 수 있는 첫 관문이었기에 여기에서 만난 인연에 큰 의미를 부여하였다. 과거 합격 동기생의 관계를 소중한 인연으로 여긴 의식은 여러 문사文士의 기록에서도 볼 수 있다. 그러나 방회에서 전체 동기생들이 빠짐없이 함께 모인 경우는 거의 드물었다. 이 글에서는 16세기 중엽에 제작된 방회도로부터 17세기에 이르는 방회도를 제작시기순으로 살펴보기로 하겠다.

사마시 동기 관료들의 〈연방동년일시조사계회도〉(1541)

〈연방동년일시조사계회도蓮榜同年一時曹司契會圖〉는 1531년(중종 26) 사마시司馬試에 입격한 동방합격자들 가운데 서울의 요직에서 근무하던 7인의 동기생들이 모임을 갖고서 만든 것이다.[39] 계회도의 표제에서 '연방동년蓮榜同年'은 같은 사마시에 합격한 동기의 관계를 뜻하며, '일시조사一時曹司'는 같은 시기에 관직에 종사한 동료 관료들이라는 의미이다.

이 계회도를 남긴 동방의 관료들은 정유길鄭惟吉(1515-1588), 민기閔箕(1504-?), 남응운南應雲(1509-?), 이택李澤(1509-?), 이추李樞, 김인후金麟厚(1510-1560), 윤옥尹玉(1511-?) 등 7인이다. 이들의 방회는 1531년의 사마시 입격 후, 10여 년 만에 갖는 것이어서 연령대도 모두 30대에 해당한다. 이들은 사마시 동방의 관계이지만, 시기를 달리하여 각자 문과에 합격한 자들이라는 점이다.

그러면 이들이 방회를 갖게 된 계기와 방회에서 기념하고자

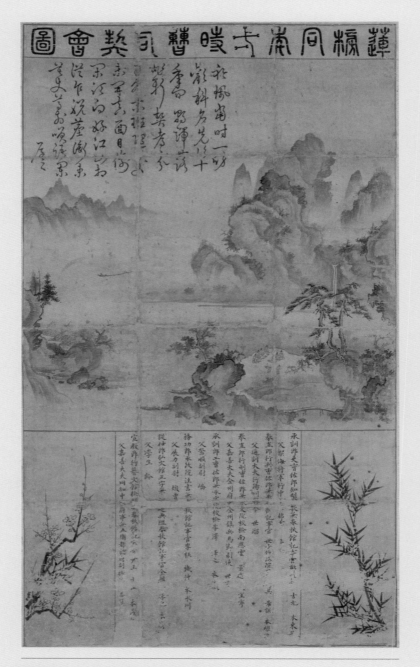

그림 30 〈연방동년일시조사계회도〉, 국립광주박물관 소장

한 의미를 살펴볼 필요가 있다. 먼저 〈연방동년일시조사계회도〉의 여백에 적힌 시의 내용을 알아보자. 이 계회도의 왼쪽 상단에 적힌 김인후가 지은 칠언율시七言律詩를 옮겨 보면 다음과 같다.[40]

진사에 동방同榜한 당대의 청년들이,   衿珮當年一榜歡

십 년을 전후하여 대과大科에 올랐구려.   科名先後十年間

벼슬길 함께 가니 새로 맺은 벗 아니오,   朝端共路非新契

맡은 구실 다르지만 모두 다 말단이네.   都下分司各末班

만나는 자리마다 참된 면목 못 얻어서,   隨處未開眞面目

한가한 틈을 타서 좋은 강산 찾아가네.   偸閑須向好江山

진세의 속박을 잠시나마 벗어나니,   相從乍脫塵衝束

술 마시며 웃음 웃고 이야기나 실컷 하세. 莫使尊前笑語闌

이 시를 통하여 〈연방동년일시조사계회도〉의 참석자들은 사마시에 입격한 이후 10년을 전후하여 문과에 급제한 자들임을 알 수 있다. 이들은 요직에 있던 젊은 관료들로서 관직 생활의 동반자와 같은 친밀한 사이였다. 그래서 이날의 모임은 근무의 여가에 한적한 야외에서 동기생들과 친목을 나누는 자리였음을 알려 준다.[41] 〈연방동년일시조사계회도〉의 배경에 그려진

이상적인 상상의 산수가 전해 주는 경관은 "진세塵世의 속박束縛
을 잠시나마 벗어나니"라는 구절과 잘 부합된다.

〈연방동년일시조사계회도〉의 화면에는 쌍송雙松 아래의 평
평한 언덕 위에 관료들이 주찬酒饌을 앞에 두고 앉은 모습이 그
려져 있다. 이 장소의 배경을 이루는 산수는 전형적인 안견파安
堅派 산수화의 특징을 띠고 있다.[42] 이와 같은 사례는 상상의 산
수를 배경으로 한 계회도인 국립중앙박물관 소장의 〈미원계회
도薇垣契會圖〉(1540) 및 개인 소장의 〈하관계회도夏官契會圖〉(1541)와
매우 유사하다.[43] 술 단지와 시동侍童의 모습도 그려져 있어 흥
겨운 현장의 분위기를 암시한다. 인원도 7명으로 좌목座目에 기
재된 인원수와 일치한다.

문과 합격자들의 방회는 서울이나 지방에서 만난 동기생들
끼리 갖는 경우가 많았으며, 동기생 전체가 참석한 방회는 찾아
보기 어렵다. 그런 의미에서 방회는 사적인 모임의 형태로 시
행되었고, 계회도의 제작 또한 마찬가지였다. 과거 시험의 동
기생이라는 관계는 평생을 두고 지속되었지만, 그들의 특별한
만남은 글과 그림으로 기록하여 잊을 수 없는 기억으로 삼고자
했다.

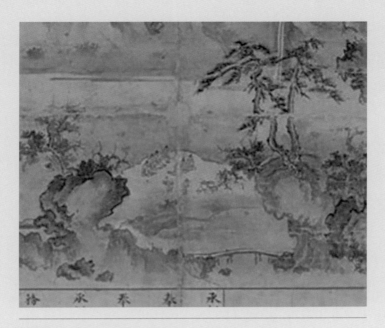

그림 31 〈연방동년일시조사계회도〉 부분, 국립광주박물관 소장

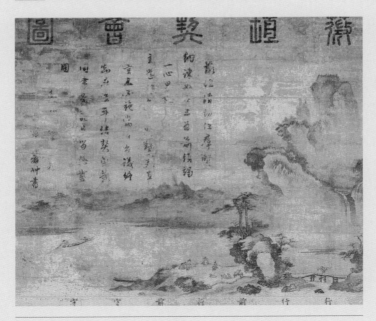

그림 32 〈미원계회도〉, 국립중앙박물관 소장

희경루에서 동방들의 만남, 〈희경루방회도〉(1567)

　과거 합격 동기생들은 관직에 있는 동안 끈끈한 동기의식을
발휘하여 긴밀한 결속을 다졌다. 이에 그들의 모임은 세월이 지
날수록 더욱 깊은 정을 나누는 만남으로 이어졌다. 특별한 회동
일 경우에는 빠짐없이 방회도를 그려 나누어 가졌다. 제작 연대
가 올라가는 16세기의 방회도 가운데 〈희경루방회도(喜慶樓榜會
圖)〉는 매우 흥미로운 사연을 전해 주는 사례이다.

　1567년(선조 즉위)에 그린 이 방회도는 1546년(명종 1)에 치른
과거 시험의 합격 동기생 다섯 사람이 전라도 광주光州에서 우
연한 만남을 갖고 이를 기념하여 만든 것이다.

　족자로 된 방회도의 위쪽에는 전서체篆書體로 '喜慶樓榜會
圖'라 썼고, 그 아래에 연회 장면을 그렸다. 이날의 방회에 참석
한 사람은 전라도 광주 인근의 요직에 있던 전·현직 관리들이
다. 그림 아래에는 이들의 인적사항을 기록한 명단인 좌목座目
이 있다. 광주목사 최응룡崔應龍(1514-1580), 전라도관찰사 강섬姜
暹(1516년생), 전 승문원 부정자 임복林復, 전라도병마우후 유극공
劉克恭, 전 낙안군수 남효용南效容 등이다. 이들이 만남을 가진 희
경루는 『광주읍지光州邑誌』에 광주의 객관客官에 딸린 누정으로
나온다.

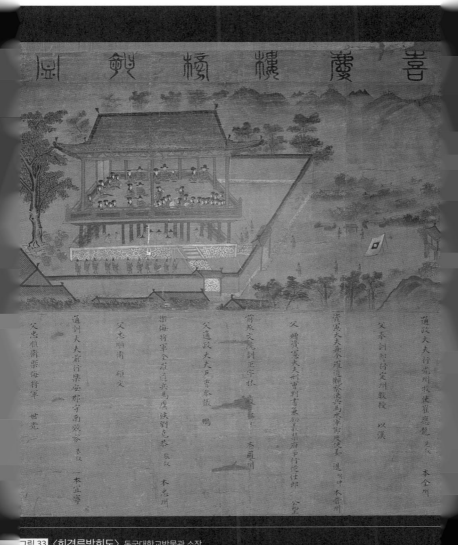

그림 33 〈희경루방회도〉, 동국대학교박물관 소장

3. 과거 합격 동기생들의 기록화

족자의 맨 아래에는 광주목사 최응룡이 방회를 갖게 된 과정을 거침없는 초서로 기록하였다. 이들은 22년 전 과거 시험에 함께 합격한 동기생으로서 광주에서의 만남을 기념하여 계회를 가졌다고 한다. 또한 동기생들 모두가 관직에 따라 흩어진 뒤 만나지 못한지가 20년이 넘었음을 회고하고 있다. 이날의 모임은 다섯 명에 불과하지만, 20년 만의 만남이라는 사실에 큰 의미를 부여했다. 동방의 관계는 관직 생활을 하는 동안 강한 연대의식을 맺게 하는 구심점이었다. 그러나 방회도는 동기생들 간의 모임에서 반드시 제작된 것은 아니었다. 특별한 의미가 있거나 노년老年에 이르러 만남을 가질 때 주로 만들었다.

그림 속의 희경루 안으로 시선을 돌려 보자. 우선 방회의 참석자인 다섯 사람은 관복 차림에 역 기역자 방향으로 앉았다. 누정 안의 왼편과 아래쪽에는 가무歌舞와 연주에 흥이 오른 기녀들의 모습이 다채롭다. 멀리서 보아도 성대한 연회의 규모가 한눈에 들어온다. 그러나 관료 다섯 사람의 모임에 기녀가 35명이나 올라와 있다는 점은 과한 듯하다. 방회의 주인공들은 한 사람마다 각각 기녀를 한 명씩 옆자리에 앉혔다. 이렇게 많은 수의 기녀가 동원된 모습은 다른 계회도나 기록화에서도 유례가 드물다. 이를 풍류로 보아야 할지, 아니면 향락의 한 장면으로 보아야 할지 판단이 쉽지 않다.

〈희경루방회도〉 부분, 동국대학교박물관 소장

　　〈희경루방회도〉의 장소가 만약 서울이었다면, 이런 행태는
엄두도 낼 수 없다. 서울의 관료들이 이처럼 경치 좋은 누정에
서 이런 규모의 연회를 가졌다면, 모두 처벌을 면치 못했을 것
이다. 서울에서는 춘궁기나 농번기 때 금주령禁酒令이 내려지고,
연회가 금지된 경우가 있었다. 이때 관리들은 야외로 나가지 않
고, 청사 안에서 간단히 모임을 갖기도 했다. 성대한 연회로 치
러진 희경루에서의 방회는 이곳이 지방이기에 가능했다. 또한
이 연회의 주관자가 전라도관찰사와 광주목사인데, 누구의 눈

치도 살필 일이 없었다.

　방회에 참석한 주인공들의 면면을 살펴보자. 가장 중앙의 상석에 앉은 사람이 광주목사 최응룡崔應龍이다. 그런데, 한 가지 이상한 점이 있다. 광주목사 최응룡 보다 직급이 높은 전라도관찰사 강섬姜暹이 서열상 두 번째 자리인 누정의 동편에 앉은 것이다. 그리고 나머지 세 사람은 모두 서편에 차례로 앉았다. 좌목에 이름을 기재한 순서도 전라도관찰사가 아닌 광주목사 최응룡이 먼저다. 이들이 앉은 자리에는 어떤 서열 기준이 적용된 것일까?

그림 35 〈희경루방회도〉 부분, 동국대학교박물관 소장

이들 동방 다섯 사람의 자리 순서는 문과 급제자가 무과 급제자 보다 앞쪽에 앉되, 문과 급제자는 관직 순으로 앉는 것이 원칙이었다. 다만 장원 급제자가 있을 경우에는 그를 상석에 앉게 하였는데, 최응룡이 당시 문과 시험에서 장원壯元으로 급제를 하였기에 상석에 앉게 된 것이다. 일반적으로 방회의 자리 서열에서는 장원 급제자를 예우하여 상석에 앉게 하였다. 일반적으로 장원을 한 동기생에게는 이름 대신 '장원'이라 불렀으며, 길을 갈 때에도 장원이 앞서 가게 하였고, 자리에 앉을 때는 항상 상좌上座에 앉게 했다고 한다. 좌차에 있어서도 장원 급제자를 특별히 대우하는 사례를 이 방회에서 찾아볼 수 있다.

동방 다섯 명 가운데 문과급제자 세 사람의 성적을 확인해 보니, 1546년 증광시에서 광주목사 최응룡이 장원을 했고, 임복이 두 번째로 을과乙科 5위(8/33), 전라도관찰사 강섬이 병과丙科 2위(12/33)로 그다음 순서가 된다. 만약 이들의 좌차가 성적순이었다면, 강섬과 임복의 자리가 바뀌어야 했을 것이다.

또 하나 눈길을 끄는 점은 개별 인물의 세부 묘사다. 누정 위에 일렬로 앉은 세 사람 가운데 두 사람은 관모가 아닌 평량자平凉子라는 외출모를 썼다. 두 사람은 좌목의 세 번째인 전 승문원 부정자 임복과 다섯 번째인 전 낙안군수 남효용이다. 그런데 이 두 사람의 공통점은 전직前職 관원이다. 따라서 현직 관원들처럼 사모를 쓰지 않고 외출모인 평량자를 쓴 것이다. 〈희경루방회도〉는 세부 묘사가 매우 치밀한 편은 아니지만, 사실 관계를 정확히 살펴 그린 그림이다.

기녀들에게로 시선을 돌려 보며 우선 광주목사 최응룡의 오른편에 댕기머리를 하고 앉은 어린아이가 눈에 띈다. 15세 미만의 기녀인 동기童妓인 듯하다. 그리고 기녀들의 얼굴에 흰색을 짙게 채색한 것은 화장한 모습을 표현한 것으로 추측된다. 또 하나의 특징은 기녀들의 머리모양이다. 장식용 가발인 가체假髢를 올렸으나 크기가 크며, 두식頭飾을 붙여 장식하였다. 이런 특색은 흥미롭게도 16세기 중엽 호남지방 기녀들의 지방색으로 추측된다. 18세기 이전까지 기녀들의 머리는 '얹은머리'가 보통이었으며, 대부분 머리가 크면 클수록 보기가 좋았던 것으로 여겼다.

희경루에 올라와 있는 다른 기녀들은 가야금을 연주하고, 한쪽에서는 북과 장구의 장단에 맞춰 춤사위를 뽐내고 있다. 아마도 호남지역 특유의 창唱도 함께 부르는 상황이었을 것이다. 기녀들의 춤과 노래가 어우러진 무대, 그리고 이를 바라보는 객석이 누정이라는 하나의 공간에 마련된 셈이다.

연회장면 이외의 부분들을 둘러보자. 희경루 아래의 그늘진 곳에는 하인들이 휴식을 취하고 있고, 누정의 왼편 아래에는 한

무리의 악공들이 은은한 피리 연주에 한창이다. 희경루 아래쪽에 지붕만 드러낸 건물은 광주 관아의 부속 건물들이다. 희경루의 동편으로는 몇 채의 민가民家가 인접해 있고, 그 앞의 넓은 공간에 활터가 마련되어 있다. 화살을 맞히는 과녁은 실제로 오른쪽으로 더 떨어진 곳에 있지만, 거리를 단축해 화면 안에 그려 넣었다. 〈희경루방회도〉는 계회도의 특징인 '장소'와 '장면'을 동시에 보여 주는 설정이 있는 그림이다.

1567년(선조 즉위) 희경루에서의 방회는 동기생 다섯 사람에게 매우 뜻깊은 만남이었다. 그러므로 기념물인 계회도가 빠질 수 없어 모두 다섯 점을 만들어 하나씩 나누어 가졌다. 이 가운데 현전하는 한 점의 〈희경루방회도〉가 4백 년이 훨씬 지난 지금까지도 그들의 사연을 말해 주는 기록으로 남아 있다.

〈희경루방회도〉의 화면 구성을 16세기 후반기 한양의 중앙 관청에서 제작한 방회도와 비교해 보면, 상당한 차이가 있음을 알게 된다. 〈희경루방회도〉가 누정에서의 연회 장면과 주변의 경관을 그린 채색화라는 점은 서울이 아닌 지방에서 지방 화가가 그린 특색을 시사해 준다.

16-17세기 사마방회도에 나타난 회화적 특징은 같은 시기 행사기록화의 회화적 특징과 공통되는 부분이 많다. 건물은 윤곽을 굵고 짙게 그리는 방식이 뚜렷하며, 인물은 작은 머리에

가늘고 긴 몸체를 가진 유형으로 그려졌다. 특히 관복의 밑단을 희게 처리하는 방식과 기녀들의 독특한 가체 머리가 주목된다. 산수에는 중국 명나라에서 유행한 절파화풍浙派畵風이나 안견파 화풍이 주로 사용되었으며, 짧은 선과 점을 반복하여 구사한 단선점준短線點皴도 많이 보이는데, 이는 화원이나 직업 화가들이 기록화를 그릴 때 볼 수 있는 보수적인 화풍 가운데 하나이다.

계유년 사마시 합격 동기생들의 〈계유사마방회도〉(1602)

　　1602년(선조 35) 10월, 경북 안동부安東府 관아에서 과거 합격 동기생들의 방회가 열렸다.[44] 참석자들은 1573년(선조 6) 계유년 식년시式年試의 생원·진사시에 합격한 자들이다. 이 모임을 주관한 사람은 안동부사 홍이상洪履祥(1549-1615)과 경주부윤 이시언李時彦(1546-?)인데, 인근 지역의 동방들을 불러 모두 15명이 참석하였다. 15명 가운데 8명이 인근 지역의 지방관으로 있던 자들이다. 그리고 〈계유사마방회도〉라고 불리는 방회도를 만들어 나누어 가졌다.

　　이 방회도는 현재 모두 2점이 전하고 있는데, 경남대학교 박물관 소장본, 국사편찬위원회 소장본이다.

　　경남대학교 소장 〈계유사마방회도〉에는 담으로 구획된 안

同榜謂之同年有兄弟之分以時而修其好情義之所
不可已者而世故多端聚散不常杏園一分秋之後能
有盍簪之盛者蓋未之多見也癸酉司馬當時騈多
浮人花山洪使君月城李令尹俱以今之名宰出守南
藩相與謀曰吾同年今有官嶺外者七人家南土尚幸
無恙者亦八九盍於斯時修其好也我愿余之先大夫
即榜中之一人 不肖今忝節于玆得開此興寧不樂
爲之助而勸成之乎諸公之在道內者指期咸集于花
山開風邁迤而會者亦有湖南之二上舍焉士寅孟冬
旣望即其日也湖樓公舘非無勝阮而必席地于使君

동부 관아 안에서 차일遮日을 치고 동방들이 도열해 앉아 연회를 갖는 장면을 그렸다. 이들은 문과에 급제하여 관료의 신분인 사람이 6명, 음직陰職으로 관직에 나아간 자가 3명, 직함이 없는 생원·진사 6명으로 구성되어 있다. 이 가운데 방회의 소식을 듣고 전라도에서 찾아온 동기 2명을 제외하면, 모두 경상도에 거주하거나 벼슬을 하고 있는 이들이다. 좌목에 적힌 참석자들은 【표 2】와 같다.

	현직	성명	자	호	생년	문과	본관	거주지
1	생원(生員)	윤의정(尹義貞)	이직(而直)	지령(芝嶺)	을유(乙酉)		덕산(德山)	예안(禮安)
2	통훈대부 행함양군수(通訓大夫 行咸陽郡守) 진주진관 병마동첨절제사(晉州鎮管 兵馬同僉節制使)	고상언(高尙顔)	사물(思勿)	태촌(泰村)	계축(癸丑)	병자식(丙子式)	개성(開城)	용궁(龍宮)
3	통훈대부 행함양군수(通訓大夫 行咸陽郡守) 진주진관 병마첨절제사(晉州鎮管 兵馬僉節制使)	이람(李覽)	경명(景明)	송호(松湖)	경오(庚午)	신묘별(辛卯別)	전주(全州)	경(京)
4	진사(進士)	이종강(李終綱)	사거(士擧)	구계(龜溪)	정유(丁酉)		진보(眞寶)	안동(安東)
5	생원(生員)	김승복(金升福)	중응(仲膺)	지봉(芝峯)	병오(丙午)		부안(扶安)	부안(扶安)
6	통훈대부 행성주목사(通訓大夫 行星州牧使) 상주진영 병마첨절제사(尙州鎮營 兵馬僉節制使)	신경진(辛慶晉)	용석(用錫)	태화(太華)	갑인(甲寅)	갑신별(甲申別)	영월(寧越)	경(京)
7	조봉대부 행비안현감(朝奉大夫 行比安縣監) 안동진영 병마절제도위(安東鎮營 兵馬節制都尉)	유위(柳湋)	수원(秀源)	복천(卜泉)	무신(戊申)		문화(文化)	경(京)

104

8	종사랑 전강릉참봉 (從仕郞) (前康陵參奉)	금복고(琴復古)	□여 (皥如)	송음 (松陰)	을유 (乙酉)		봉화 (奉化)	영주 (榮州)
9	통훈대부 행신녕현감 (通訓大夫 行新寧縣監) 대구진영 병마절제도위 (大邱鎭營 兵馬節制都尉)	채길선(蔡吉先)	자경 (子敬)	동호 (東湖)	신축 (辛丑)		평강 (平康)	경(京)
10	가의대부 경주부윤 (嘉義大夫 慶州府尹) 경주진 병마절제사 (慶州鎭 兵馬節制使)	이시언(李時彦)	군미 (君美)	추호 (秋湖)	을사 (乙巳)	병자식 (丙子式)	전주 (全州)	경(京)
11	통훈대부 전대구도호부사 (通訓大夫 前大丘都護府使)	김구정(金九鼎)	경진 (景鎭)	서현 (西峴)	경술 (庚戌)	임오식 (壬午式)	함창 (咸昌)	풍기 (豐基)
12	가선대부 행안동대도호부사 (嘉善大夫行 安東大都護府使) 안동진 병마첨절제사 (安東鎭 兵馬僉節制使)	홍이상(洪履祥)	원예 (元禮)	유천 (柳川)	을유 (乙酉)	기묘식 (己卯式) 元	풍산 (豐山)	경 (京)
13	생원(生員)	유인옥(柳仁沃)	계언 (啓彦)	우재 (迂齋)	신축 (辛丑)		서산 (瑞山)	남원 (南原)
14	진사(進士)	권눌(權訥)	사민 (士敏)	송죽 (松竹)	정미 (丁未)		안동 (安東)	안동 (安東)
15	생원(生員)	이희백(李喜白)	백진 (伯眞)	대암 (臺嵒)	무신 (戊申)		성주 (星州)	영천 (永川)

표 2 〈계유사마방회도〉(1602)의 좌목표

　　이 좌목의 기재 순서는 1573년(선조 6) 생원·진사시의 성적순
이다. 좌목의 첫 번째인 윤의정尹義貞은 1등 5위를 했고, 두 번째
인 고상언高尙彦은 2등 9위, 그리고 마지막의 이희백李喜白은 3등
67위를 했다. 그런데 실제 방회에서는 자리의 서열인 좌차에
성적순을 적용하지 않았다. 그림을 보면, 동서로 양분하여 서쪽
에 사모와 관대를 착용한 현직 지방관들이 앉았고, 동편에는 갓
을 쓰고 도포를 입은 관직에 있지 않은 자들이 자리하였다. 방

회에서는 입격 당시의 성적을 중시하여 자리의 서열까지 성적순을 반영한 경우도 있지만, 이 방회는 좌목만 성적순을 적용한 사례이다.

그림 뒤편에는 경상도순찰사인 이시발李時發(1569-1626)이 발문을 썼다.[45] 그 내용을 요약하면 계유년 사마시에서 많은 인재가 나왔다는 점, 안동부사 홍이상洪履祥과 경주부윤 이시언李時彦이 모임을 발의한 사실, 이시발의 아버지도 이모임에 동갑인 관계로 참여한 점, 안동부 관아를 장소로 하였는데 홍이상의 대부인大夫人이 여기에 계셨다는 점, 마지막으로 30년 만에 만난 동방들과 회포를 풀고, 홍이상의 자친慈親에게 절하고 축사를 드린 점 등을 기록하였다. 현재 전하는 방회도 가운데 가장 많은 인원이 참석한 방회이며, 참석자들의 나이도 49세에서 78세에 이르기까지 30년의 터울이 있었다.

그런데 1573년의 사마시에 입격한 자 가운데 안동부사를 비롯하여 그 인근의 지방관들로 나간 자들이 상당히 많은 편이다. 그들은 함양군수 고상언, 영천군수 이람李覽, 성주목사 신경진辛慶晉, 비안현감 유위柳湋, 신령현감 채길선蔡吉先, 경주부윤 이시언, 안동대도호부사 홍이상 등이다. 관직에 있는 지방관들만의 방회가 아니라 인근의 생원과 진사로 있는 동기생들도 함께 모인 방회로는 매우 뜻깊고 이례적인 사례이다.

신축년 사마시 동기생들의 〈신축사마방회도〉(1602)

1601년 신축년에 생원, 진사에 입격한 동년들이 1602년 경상도 안동에 모여 방회를 가졌다. 입격한 이듬해에 모인 것인데, 이를 기념하여 만든 것이 〈신축사마방회첩辛丑司馬榜會帖〉이다.

신축년 동방의 한 사람인 홍립洪雴(1577-?)의 부친인 홍이상洪履祥이 모친의 봉양을 위해 안동부사로 내려와 있을 때, 아들 홍립이 생원에 입격하자 그 이듬해에 안동부 인근에 거주하는 홍

그림 38 〈신축사마방회도〉, 국사편찬위원회 소장

립의 동방 아홉 사람을 초대하여 모임을 가졌다. 연회는 홍립의 조모인 대부인을 모시고 진행하였는데, 이를 기념하여 방회첩을 만들게 된 것이다.

이 방회첩에는 생원 9명과 진사 1명이 참여하였는데, 좌목에는 이들 10명이 성적순으로 기재되어 있다. 이들의 나이는 23세에서 52세에 이르는데, 가장 연장자는 52세의 윤정란尹庭蘭 (1551-?)이며, 연소자는 23세의 김시추金是樞(1580-1640)이다. 좌목을 옮겨 보면 다음과 같다.

	구분	성명	자	생년	본관	거주지
1	생원	김시추(金是樞, 1580-1640)	자유(子由)	경진(庚辰)	의성(義城)	안동
2	생원	오여발(吳汝撥, 1579-1635)	경허(景虛)	기묘(己卯)	고창(高敞)	영주
3	생원	김숙(金琡, 1568-?)	덕옥(德玉)	무진(戊辰)	예안(禮安)	거동(居同)
4	생원	정전(鄭佺, 1569-1639)	수보(壽甫)	기사(己巳)	청주(淸州)	안동
5	생원	이진(李瑱, 1572-?)	옥여(玉汝)	임신(壬申)	예안(禮安)	안동
6	생원	홍립(洪霅, 1577-1648)	경시(景時)	정축(丁丑)	풍산(豐山)	경
7	생원	홍이성(洪以成, 1561-?)	취보(就甫)	신유(辛酉)	남양(南陽)	영주
8	생원	신관일(申寬一, 1563-?)	율보(栗甫)	계해(癸亥)	평산(平山)	경
9	생원	윤정난(尹庭蘭, 1551-?)	문원(聞遠)	신해(辛亥)	파평(坡平)	예천
10	생원	이경남(李慶南, 1573-?)	선숙(善叔)	계유(癸酉)	진보(眞寶)	예천

표3 〈신축사마방회첩〉의 좌목

10명의 동방 가운데 홍립과 신관일申寬一(1563-?)은 한양에서 내려왔고, 나머지 동년들은 모두 안동과 그 인근 지역에서 초대되어 왔다. 여기에 발문을 쓴 최립崔岦(1359-1612)은 이 계첩을 만든 취지에 대하여 다음과 같이 쓰고 있다.

> 지금 이 계첩을 보건대, 홍참판공이 대부인을 봉양하기 위해 안동부사로 내려가 있을 적에, 그 아들 홍립洪霌이 새로 생원이 되는 은혜를 입게 되었으므로, 부내府內 및 속읍屬邑의 동년同年 열 사람을 초청하여 대부인을 모시고 연회를 베풀어 축하한 것을 기념한 것이다. 이에 제자諸子가 이런 모임을 갖게 된 것을 행운으로 여겨 이 계첩을 만들고는 거듭 우정을 다짐하면서 길이 잊지 말자고 재차 확인하기에 이른 것이다.[46]

이 방회는 홍립과 동방 9인이 단독으로 가진 것이기보다 홍이상의 방회와 합설合設되었거나 바로 연이어 있었던 것으로 추정된다.[47] 그러나 방회첩은 별도로 제작한 것으로 보이며, 그림은 앞서 본 〈계유사마방회도〉와 같은 도상을 그린 것이다. 그런데 개인 소장 〈신축사마방회도〉에는 계회 장면 주변의 공간을 넓게 설정하였고, 거기에 따른 시점과 투시법의 표현이 다소 어색해 보인다. 아마도 기초적인 기량이 부족한 화가가 그린 것으로 짐작된다.

〈신축사마방회첩〉의 방회 장면은 〈계유사마방회첩〉의 그림과 매우 유사하다. 건물의 배치와 구성, 차일의 모양, 담장 밖의 구경꾼과 말 등의 설정이 그렇다. 다만 차이점은 〈신축사마방회도〉에서 차일 아래에 5명의 관리가 동서로 나누어 앉았는데, 그 아래에 신축년 동방 10명이 나란히 앉았다는 점이다. 차일 아래에 앉은 5인은 홍이상을 비롯한 계유년 동방의 멤버들인 것으로 추정된다. 즉 이날의 모임은 신축년의 동방 10명이

그림 39 〈신축사마방회도〉
부분, 국립민속박물관 소장

주체가 아니라 계유년의 동방과 함께 합설하였다는 내용을 그림 속에 연출하여 그린 것이다.

〈신축사마방회첩〉은 아마도 안동 인근에서 활동하던 지방 화가에게 의뢰하여 그린 것으로 추측된다. 그런데, 그림은 10여 점을 그렸겠지만, 필치는 조금씩 다르다. 최초 그림을 그릴 당시 화가들이 달랐을 수도 있지만, 후대에 다시 만들었을 경우에는 화가들의 필치가 서로 다를 수 밖에 없었을 것이다.

온양민속박물관 소장 〈신축사마방회첩〉의 뒤편에는 최립의 발문에 이어 홍희승(1791-?), 홍혁주, 홍철주 등 19세기에 활동한 풍산 홍씨豊山洪氏 후손들의 발문이 붙어 있어 풍산홍씨 집안에서 전해져 오던 본으로 추정할 수 있다. 그리고 얼마나 후손들의 관심이 집중되었던 유물인가를 미루어 짐작할 수 있다.

기축년 사마시 동기생들의 〈기축사마방회도〉(1602)

사마시에 입격한 200명의 동방은 고향에 머물거나 관직에 진출하여 전국으로 흩어져 지내기 마련이다. 따라서 전국 각지의 동방들이 한꺼번에 모이는 일은 거의 불가능하였다. 따라서 방회도 자연히 주최자 자신의 거주지나 근무지를 중심으로 하여 국지적으로 가질 수 밖에 없었다.

지방에서의 방회를 기념하여 제작한 또 하나의 사례는
1589년 기축년己丑年 사마시의 동방 5명이 1602년의 계회를 기
념하여 만든 〈기축사마방회도己丑司馬榜會圖〉이다.⁴⁸ 첩의 형식에
그림, 좌목, 시문과 발문 등을 수록하였다. 이 첩에 홍경신洪慶臣
(1557-?)이 쓴 시문의 마지막에 '萬曆壬寅午月旬二日 鹿門洪德公
書于龍灣之淸心堂'이라고 적혀 있다. 1602년 5월 지금의 의주義
州인 용만龍灣에서 만난 5명의 동방들이 의주의 객관인 청심당淸
心堂에서 방회를 가진 것으로 기록되었다.

그림 40 〈기축사마방회도〉, 한국학중
앙연구원 장서각 제공

이 방회의 참석자는 용천군수 유시회柳時會(1562-1635)가 세자시강원보덕 홍경신洪慶臣(1557-?), 의주부판관 홍유의洪有義(1557-?), 병조정랑 윤안국尹安國(1569-1630), 평안도도사 이호의李好義(1560-?) 등이다. 좌목의 내용을 보면, 홍경신은 어사御使로 평안도에 파견되었고, 병조정랑 윤안국은 서장관으로 중국으로 가던 도중에 여기에 참석한 것으로 추정된다.[49]

그림에는 방회가 진행 중인 건물을 화면 중앙에 배치하였고, 부감시를 적용하여 건물 내부의 연회 장면을 주변 경관과 함께 볼 수 있도록 구성하였다. 멀리 보이는 산을 그릴 때는 다소 간략하게 가해진 16세기 산수화의 주된 화법인 단선점준短線點皴이 남아 있어 17세기 초엽까지도 16세기의 전통적인 화법의 영향이 감지되고 있다.

실내에 촛불이 켜져 있어 야간에 모임을 가진 것으로 짐작되며, 여기妓女와 악사樂師가 동원된 연회의 분위기가 잘 나타나 있다. 방회는 서울뿐만 아니라 지방관으로 가 있던 인물들이 타지에서 사적으로 가진 경우가 많은 편이다. 따라서 방회도의 경우는 지방에서 그려진 화풍을 접해 볼 수 있다는 점이 흥미롭다.

이상에서 살펴본 1602년 작 〈계유사마방회도〉, 1602년 작 〈신축사마방회도〉, 1603년 작 〈기축사마방회도〉 등은 방회의 장소가 지방이었던 만큼 지방 화사畵師의 필치로 그려졌을 가능성이 크다. 또한 이 그림들의 한 가지 특색이라면 부감시의 투시와 확산된 공간감의 표현을 일관되게 적용하여, 계회의 장면을 주변 경관과 함께 그려 넣은 점이다. 이러한 특징은 지방에서 제작된 방회도에서 볼 수 있는 특색이다.

부자간의 사마시 입격을 축하하다. 〈세년계회도世年契會圖〉(1604)

사마시에 입격한 동기생들의 자제들이 또한 사마시 동방인 관계가 있을 수 있다. 이런 경우는 매우 드물지만, 여기에 소개하는 〈세년계회도世年契會圖〉가 그런 희소한 경우에 속한다. 이처럼 부자간에 대를 이어 맺는 동방의 관계를 '세년동방世年同榜'이라 한다.

〈세년계회도〉는 이호민李好閔(1553-1634)과 그의 아들 이경엄李景嚴(1579-1652)이 속한 연안이씨延安李氏 집안에 전하는 『사천시첩斜川詩帖』에 들어 있다. 그림 상단에 예서로 "世年契會之圖"라고 썼다. 여러 점을 그려 나누어 가져야 했기에 묘사가 간략한 편이다.

〈세년계회도〉는 1601년(선조 34) 기묘식년己卯式年의 생원·진사시 합격자 가운데 부친이 1579년(선조 12) 신축식년辛丑式年 생원·진사시의 동년이라는 공통점을 가진 9명이 1604년 초여름에

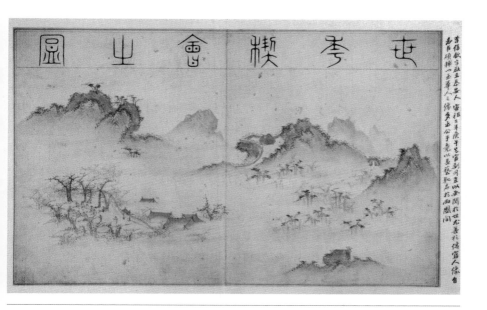

이신흠, 《사천시첩》〈세년계회도〉, 국립중앙박물관 소장

연 방회의 모습을 그린 것이다. 좌목을 보면, 1601년 기묘사마 동방 9명의 성명이 나이순으로 적혀 있고, 부친의 인적 사항도 간단하게 기록하였다. 방회의 장소는 이호민의 아들인 이경엄의 집 후원으로 추정된다. 지금의 서울 삼청동 일대일 것이다.

이호민의 문집인 『오봉집五峰集』에 실려 있는 「제묘축사마세년계서題卯丑司馬世年禊序」에서 주요 내용을 옮겨 보면 다음과 같다.

옛사람은 과거에 함께 급제한 것을 중요하게 여겼다.

천하의 모든 사람도 같이 급제한 이들에는 형제의 의리가 있다고 여긴, 즉 그 중요시한 것도 마땅하다 하겠다. 그 부친이 이미 급제 동기이고 그 아들들이 다시 급제 동기인 것을 '세년世年'이라 하여 더욱 중요하게 여겼다. 우리 벗들은 만력 기묘(1579) 사마시 급제 동기들인데, 그 후 23년인 신축년에 우리 동년의 아들 중 급제한 자가 9인이다. 대충 말하면 200명 중 9인은 많다고 할 수 없다. 그러나 크게 보면 사마시는 3년에 한 번 치르는데 매회 합격자가 200명뿐이니 본래 많지 않다. 그 200명의 아들이 사방의 선비로 흩어지니 그 수가 천에 하나도 안 된다. 천분의 일도 안 되는 수로 마침내 이름이 불려 뽑힌 자가 9인이니 어찌 성대한 일이 아닌가? 세상에 태어나 부자 2대에 걸쳐 함께 급제한 것은 다시 드문 인연이 아닌가? 또 사마시는 신묘년(1591) 이후 전쟁으로 폐한 지 10년이나 되었다. 그 난리 중에 우리 무리는 다행히 살아남았고, 또 함께 아들들을 보전하여 다시 치러진 사마시에 응시케 하여 9인이나 합격했으니 어찌 슬픈 느낌이 없으리오? … 하물며 이미 고사가 있음에랴? 계를 만드는 이들도 다만 때를 정해 모여 술잔을 드는 데 그치지 않고 착함으로 서로를 살피며

위의를 갖추어 영원히 세한歲寒의 뜻을 보존하며, 지조 를 바꾸지 말아서 우리 동방同榜들이 서로 도탑게 한 뜻 을 더럽히지 않아야 하리라.

위의 내용에서 알 수 있는 것은 〈세년계회도〉가 부자父子 2대 에 걸쳐 사마시에 입격한 동방들의 모임을 기념한 그림이라는 점이다. 즉 이호민은 1579년 기묘사마시에 합격했는데, 20여 년이 지난 1601년 신축사마시에 아들 이경엄李景嚴이 또 합격을 한 것이다. 이때 아들 이경엄의 동기들 가운데 부친이 이호민과 사마시 동기인 자가 9명이나 되었다. 그래서 이경엄은 그들 동 기 9인을 초대하여 방회를 갖고, 화가 이신흠李信欽에게 부탁하 여 그림으로 그리게 한 뒤 부친으로부터 서문을 받은 것이다.

그림 42 이신흠,《사천시 첩》〈세년계회도〉 부분, 국립중앙박물관 소장

〈세년계회도〉의 뒤편 배경은 백악산 자락을 그린 것인데, 산세의 특징이 뚜렷히 드러나지 않았다. 그러나 오른쪽 상단에 곡성曲城을 이룬 한양도성과 숙정문肅靖門을 그려 넣는 등 실경의 요소도 고려하였다. 화면 왼쪽 하단에는 지붕을 드러낸 저택들이 보이고, 그 후원으로 추정되는 곳에서 동방 9명이 모임을 갖고 있다.

이 그림은 방회의 장면 보다 이경엄의 집 주변 경관을 그린 실경산수화實景山水畵의 성격이 강하다. 그러나 자세히 보면 봉우리들의 형태에 아직도 조선 초기의 안견파安堅派 산수양식과 유사한 표현 요소가 남아 있다. 계회도의 특성상 여러 점을 신속히 그려야 하므로 계회 장면과 그 주변, 그리고 배경의 산을 간략히 그린 뒤 나머지 부분들은 생략하였다. 〈세년계회도〉는 부자 2대에 걸쳐 사마시 동기로서의 인연을 맺은 이들에게 잊힐 수 없는 기념물이었다.

송도에서 만난 장원급제자들의 〈사장원송도동료계회도〉(1612)

과거 시험에서 장원으로 합격한 자들이 한 관청에 근무하면서 결속을 도모한 사례가 있다. 1612년(광해 4) 송도부松都府에 근무하는 4인의 관료가 그런 경우에 속한다. 합격만 해도 영광스

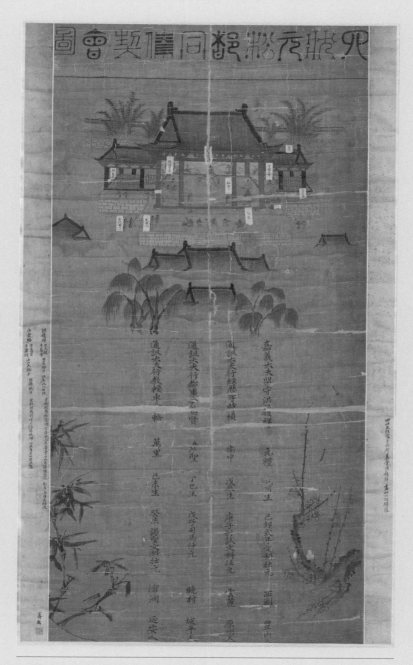

그림 43 〈사장원송도동료계회도〉, 국립중앙박물관 소장

러운 과거 시험에서 그것도 장원을 한 사람들이 여러 명 지방의
한 관청에 근무한다는 것은 매우 드문 일이다. 송도부에 근무하
던 4인의 관리들은 이런 뜻깊은 만남을 기념하여 〈사장원송도
동료계회도四壯元松都同僚契會圖〉를 제작하였다.

참석자들은 송도부 유수留守 홍이상洪履祥(1549-1615)을[50] 비롯
한 경연經筵 이시정李時楨(1568-?), 도사都事 윤영현尹英賢(1578-?), 교
수教授 차운로車雲輅(1559-?) 등 4명이다. 이들의 소속이 송도부라는
점에서 보면, 이들이 남긴 그림은 동관계회도同官契會圖에 속한다.

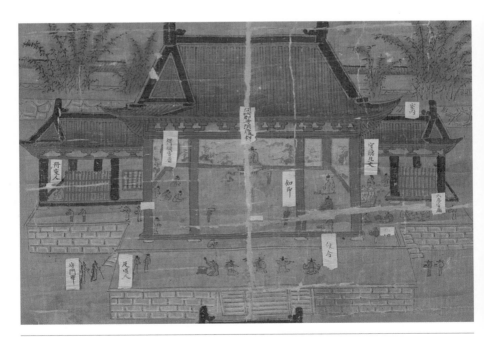

그림 44 〈사장원송도동료계회도〉 부분, 국립중앙박물관 소장

계회의 장소는 명나라 사신들을 대접하던 숙소인 개성의 태평관太平館이다. 태평관의 중심 건물을 화면의 중앙에 놓았고, 화면 아래에 이중문을 배치하였다. 전체적으로 좌우대칭인 정면관의 시점을 적용하였다. 건물 안에는 좌장座長인 홍이상과 나머지 3인이 북벽北壁과 서벽西壁 쪽으로 자리 서열에 따라 앉았다. 모임을 갖는 장소 주변에는 분주하게 일하는 인물들이 그려져 있고, 직함이 적힌 별도의 종이를 붙여 이들의 신분을 쉽게 판별해 볼 수 있게 하였다. 또한 그림에는 계단 위에 악공 5명이 앉아서 연주하고 있다. 오른쪽으로부터 장구, 대금, 피리 혹은 퉁소류, 교방고가 보인다.

4인의 관료들은 자신들이 맺은 장원급제자들의 모임에 큰 의미를 부여하였다. 홍이상은 1579년(선조 12) 기묘년 식년시式年試 문과에서 장원을 하였고, 이시정은 1600년(선조 33)의 경자년 별시에 장원 급제를, 그리고 윤영현은 1588년(선조 21) 무자년 사마시에 장원, 차운로는 1583년(선조 16) 계미년 알성시謁聖試에 장원을 하였다. 장원의 시기나 종류가 모두 다르지만, 한 관청에 장원급제자가 4명이나 된 것은 기념할 만한 일이었다.

청사의 전경全景을 그린 계회도는 건물의 전체구조와 그 내부에서 이루어진 계회 장면의 표현에 초점을 두었다. 이러한 청사의 전경을 그린 계회도의 선례는 이미 16세기 후반기에 성립

되었지만, 화면에서는 본청 주위에 연운煙雲을 그려 넣어 다른 구체적인 묘사를 생략하였다. 그림으로써 본청의 건물을 더욱 부각시키는 효과를 얻고 있다. 전체적으로 화면 구성은 16세기 후반기 관청계회도의 전통을 따랐다. 〈사장원송도동료계회도〉는 17세기에 이전 계회도의 전통을 계승하여 제작한 대표적인 사례이다.

17세기의 동관계회도는 수적으로는 감소하였지만, 그림의 내용은 다양하고 다채롭게 그려졌다. 계회도의 유형에 따라 대체로 동일한 전형을 유지하면서도 인물묘사나 배경의 경물 표현에 많은 변화가 나타나고 있음을 알 수 있다.

임오년(1582) 사마시 동방들의 〈임오사마방회도〉(1630, 1634)

1582년(선조 15)인 임오년壬午年의 사마시에 입격한 동기생들은 아마도 조선시대 전체를 통틀어 사마시 동방들 가운데 가장 출세한 인물이 많았던 기수일 것이다. 그리고 이 동기생들이 남긴 계회도는 모두 3종이 전한다. 1607년, 1630년, 1634년에 모였던 자취를 그림으로 남긴 것이다. 이외에도 방회의 횟수와 계회도의 제작 건수도 훨씬 더 많았겠지만, 현재 전하는 계회도는 3점뿐이다.

이 임오년의 동방들이 1607년(선조 40)에 경상도 상주尙州에서 방회를 열고 제작한 〈방회도〉가 최근 새로 소개되었다. 국립중앙박물관 소장의 이 〈방회도〉는 위로부터 표제, 그림, 참석자의 명단을 기록한 좌목 등 전형적인 계회도의 3단 형식을 취했으며, 화면 좌측의 여백에는 정경세鄭經世(1563-1633)와 이준李埈(1560-1635)이 쓴 발문이 적혀 있다.[51]

사마시에 입격한 뒤 12년 만에 가진 방회였으며 모두 7명이 참석하였다. 동방 가운데 경상도 지역에 근무하던 상주목사 김정목金庭睦(1560-1612), 대구부사 정경세, 선산부사 장세철張世哲(1552-?)이 주축이 되었고, 이외에 마침 상주에 와 있던 동기생 조익趙翊(1556-1613), 신한룡辛翰龍(1558-?), 정이홍鄭而弘(1538-1620), 이준이 이들과 함께했다.

1607년의 〈방회도〉를 보면, 방회는 경관이 빼어난 강변의 언덕에서 이루어진 듯하다. 가지가 축 늘어진 소나무 아래에 천막을 치고 6명의 동기생이 앉았는데, 한 명은 아직 도착하지 않았다. 소나무를 쌍송으로 배치하여 표현한 화법은 전형적인 16세기 후반기의 양식을 취했다.

방회는 지방에서 열린 경우가 상당히 많은데, 대부분 지방관으로 근무하던 동기생들과 이곳을 방문하게 된 동기생들이 만나 성사시킨 모임이었다. 그리고 소박하게나마 만남을 기념

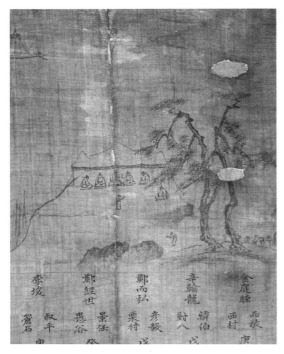

그림 45 〈방회도〉, 국립중앙박물관 소장

하여 만든 방회도의 한 사례가 여기에서 살펴본 〈방회도〉이다.

　1630년에 모임을 갖고 만든 〈임오사마방회도〉는 현재 여러 점이 전하고 있다. 1630년(인조 8)의 어느 늦은 봄날, 지금의 안국동 사거리에 있던 충훈부忠勳府로 백발의 노인들이 모여들었다. 이들의 신분은 정승政丞과 판서를 비롯한 전·현직 고위관료들이다. 평상복에 외출모를 쓰고 있어 공적인 만남은 아닌 듯하다. 모두 12명이 모여 충훈부의 대청에 둘러앉았다. 이날의 만남을 기념하여 만든 것이 〈임오사마방회도〉이다.

〈임오사마방회도〉, 한국학중앙연구원 장서각 소장

　　서울에서 방회를 갖고 제작한 방회도는 주로 고령에 이른
관료들의 방회에서 만든 것이다. 〈임오사마방회도〉와 〈기유사
마방회도己酉司馬榜會圖〉가 대표적인 사례이다. 이 두 점은 모두
그림과 서문, 그리고 발문 등으로 구성된 첩 형식으로 장황되어
있다.

　　〈임오사마방회도〉에서 '임오壬午'는 임오년인 1582년(선조 15)
을 뜻한다. '사마방회司馬榜會'는 1582년의 생원과 진사를 뽑는
사마시에 입격한 동기생들의 모임을 말한다. 이날 충훈부에 모

인 12명은 임오년(1582)의 입격 동기생 200명 가운데 48년이 지난 1630년(선조 23) 당시 서울에서 관직 생활을 하던 동기생들이다. 입격 당시에 20대 청년으로 만난 이들이 70세를 넘긴 백발이 성성한 노인이 되어 다시 모인 것이다.

물론 일부 동기생들 간의 만남은 간혹 있었겠지만, 방회의 이름으로 모인 경우는 드물었다. 〈임오사마방회도〉에는 동기생 정경세鄭經世가 모임을 갖게 된 사연을 글로 남겼다. 이 글에는 오랜 세월 동안 잊고 지내 온 동기들과의 만남에 대한 감회가 잘 나타나 있다. 방회의 참석자는 돈녕부사 윤방尹昉(1563-1640), 의정부 영의정 오윤겸吳允謙(1559-1636), 병조판서 이귀李貴(1557-1633) 등을 비롯한 12명이다. 이 날의 방회는 삼척부사三陟府使로 떠나는 동기생 이준李埈(1560-1635)을 전별하는 자리도 겸하였는데, 정경세와 윤방이 제안하여 충훈부에서 이루어졌다.

그림에는 건물 앞쪽에 햇빛을 가리는 차일遮日을 그렸고, 배경을 생략했으며, 건물 안쪽의 모임 장면을 강조하여 그렸다. 이날의 방회는 사적인 만남이어서 음악도 없이 검소하게 열렸으며, 그러한 분위기는 그림에도 잘 나타나 있다.

모임의 장면을 보면, 관직의 고하에 따른 자리 서열이 엄격히 지켜져 있다. 건물 안쪽의 중앙에 앉은 4인은 윤방·오윤겸·이귀·김상용金尙容(1561-1637)이다. 이들은 모두 정1품에 해당하여 가장 상석인 북쪽에 앉았다. 오른편 벽 쪽에 앉은 두 사람은 정2품인 이홍주李弘冑(1562-1638)와 정경세이다. 그리고 그 맞은편에는 종2품부터 정3품까지 6명이 앉았다. 왼쪽 6명이 앉은 자리가 좁고, 건너편이 아무리 넓더라도 마음대로 건너가 앉을 수 없었다. 관직 서열에 따라 지켜야 할 자리의 서열이 있기 때문이다. 동기생들 간의 모임이라 하더라도 자리 서열만큼은 엄격했다.

이로부터 4년이 지난 1634년(인조 12)에 이들은 또 한 번 방회를 가졌다. 4년 전처럼 방회도 한 점도 새로 그렸다. 국립중앙도서관에 있는 〈임오사마방회도〉가 그것이다. 이 방회도에는

〈임오사마방회도〉, 국립중앙도서관 소장

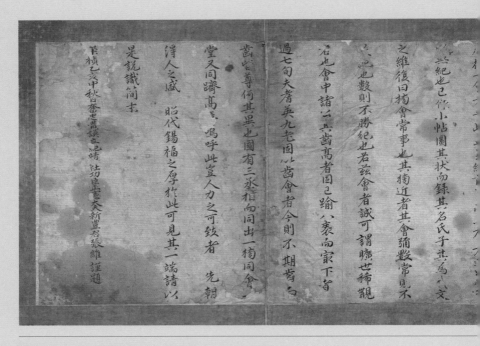

그림 48 『壬午司馬榜會之圖』 장유의 기념 글, 국립중앙도서관 소장

장유張維(1587-1638)가 기념 글을 썼다. 점차 사라져 가는 동기생들을 생각할 때면, 인생의 무상함을 느끼지만 관직이 높고 장수長壽한 자가 많음을 예찬한 김상용金尙容의 말을 인용하면서 이들의 모임에 특별한 의미를 부여하였다.

이번 모임의 장소는 육조거리에 있던 병조兵曹의 옛 관아였다. 건물의 구조나 방회의 장면은 4년 전 충훈부에서 열린 모습과 큰 차이가 없다. 이는 앞서 제작된 1630년의 〈임오사마방회도〉를 참고하여 간략히 그렸기 때문일 것이다. 그런데 1634년의 그림에는 참석자의 수가 줄었다. 1630년 당시의 참석자 12명 가운데 다섯 사람이 그사이에 세상을 떠났고, 한 사람은 참석하지 못했다. 그래서 나머지 6명과 새로 참석한 2명을 합쳐 8명을 그렸다.

대청의 가장 상석에는 4년 전에 함께 자리한 병조판서 이귀가 한 해전에 세상을 떠났기에 세 사람만이 앉아 있다. 오른편에 있던 정경세가 타계하여 이홍주가 혼자 자리를 지키고 있다. 그리고 왼편에는 원래 6명이 앉아 있었는데 유순익柳舜翼(1559-1632), 윤환尹晥(1556-?), 이배적李培迪(1556-?) 등 3인이 고인故人이 되었고, 이준은 이날 참석지 못했다. 그런데 두 사람이 새로 참석하여 대청의 왼편에는 4명이 앉아 있다.

박종현朴宗賢과 연사의延士義가 이날 새로 참석한 동기생이다. 특히 대청의 왼편 끝 쪽에 앉은 연사의는 종9품의 참봉參奉을 지냈지만, 정승을 비롯한 동기생들과 자리를 함께했다. 즉 고위 관직에 오른 사람과 말직末職에 머문 사람이지만 48년 전 사마시의 동기생이라는 사실이 이들을 한자리에 앉을 수 있게 했다.

과거 시험의 문과文科보다 예비시험인 사마시 동기생의 관계가 더욱 친밀한 것은 무슨 이유일까? 사마시 동기생들은 형제 관계에 비유할 만큼 소중히 여겼다. 사마시가 관직 생활로 나아가기 위한 첫 관문이라는 의미가 컸고, 또한 순수한 청년 시절의 만남이었기에 그들의 유대관계는 매우 돈독했다. 젊은 날에는 어디서 무엇이 되어 다시 만날지 기약할 수 없었지만, 반백년을 함께 해 온 이들의 인연은 〈임오사마방회도〉 속에 담겨 훈훈한 우의友誼를 전해 주고 있다.

경술년 사마시 동기생들의 〈경술사마성산방회도〉(1631-1632)

1610년(광해 2) 경술년庚戌年 사마시에 입격한 동년들이 경상도 성주에서 방회를 갖고 제작한 방회도가 전한다. 국립중앙박물관 소장의 〈경술사마성산방회도庚戌司馬星山榜會圖〉이다. 표제에 적힌 성산은 '성주星州'의 옛 이름이다. 방회를 가진 정확한 시기는 알 수 없지만, 방회에 참석한 오숙吳翽(1592-1634)이 경상도관찰사로 재임한 기간이 1631년부터 1632년 사이이므로 이 시기에 방회가 있었던 것으로 추정된다. 아마도 경술년 사마시의 동기생들은 오숙의 경상도관찰사로 부임을 축하하여 모임을 가진 듯하다.

방회도에는 성산읍성星山邑城과 주변의 경관, 그리고 방회가 이루어지는 공간을 좌우대칭형으로 구성하여 그렸다. 방회가 열리는 읍성안의 건물이 이 그림에서 가장 핵심이 되는 공간이

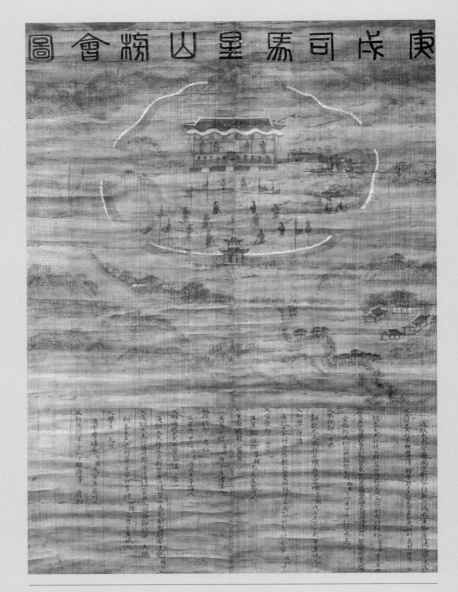

그림 49 〈경술사마성산방회도〉, 국립중앙박물관 소장

다. 솟아오른 산을 배경으로 방회가 열리는 전각을 그려 넣었다. 방회도에는 읍성의 성곽을 원형으로 간략히 그렸으며, 성곽의 위쪽을 호분으로 채색하여 읍성의 윤곽이 멀리서도 잘 드러나도록 처리하였다. 성곽의 문루 안쪽에는 수행하는 군사들이 좌우대칭을 이루며 서 있다.

〈경술사마성산방회도〉는 이곳의 지리적인 형세와 계회의 장면을 묘사하는 데 중점을 둔 그림이다. 성곽 밖에는 외성을 따라 주변의 마을과 특정 건물들을 간략히 그려 지형도적인 요소를 충실히 담아내었다. 화면 맨 위쪽에는 멀리 보이는 산을 배경처럼 일률적으로 그려 넣었다. 그린 화법은 조선 초기의 양식인 단선점준식短線點皴式의 짧은 터치를 반복하여 원산의 질감을 표현하였다. 읍성의 외곽을 이루는 외성外城도 왼쪽 상단에서 오른쪽 하단으로 윤곽을 드러내었다. 군데군데 건물들을 점경으로 그려 넣어 특정 장소를 표현하였다. 또한 오른쪽 하단에는 여러 채의 건물을 배치한 특정 공간을 표현하여 지형도에 충실한 그림이 되도록 했다.

이 자리에 모인 사람들은 경상도 일대의 현감으로 근무하던 합천현감 류진柳袗(1582-1635), 성균관전적成均館典籍 권극명權克明(1567-?), 전 평양서윤平壤庶尹 이협李峽(1588-?), 언양현감彦陽縣監 김녕金寧(1567-1650), 거창현감 안정섭安廷燮(1591-1656), 전 경안찰방

慶安察訪 이간李揀(1585-?), 그리고 생원 3인과 진사 1인 등이다. 모임을 주관한 사람은 경상도 일대의 현감으로 근무하는 동기생들일 것이다. 전각 안쪽에는 경상도관찰사 오숙을 비롯한 현감 등이 앉아 있고, 그 아래에는 그 지역에서 생원 진사로 지내던 동기생들과 초대한 사람 10명이 등을 보이며 앉은 모습이다.

17세기 경상도 지역에서 방회의 전통이 강하게 지속되는 현상을 볼 수 있다. 동기생 중 누구나 수령으로 부임하면, 인근 지역의 수령이나 동기생들이 참여하여 축하의 의미로 방회를 여는 것이 관례였고, 방회도를 제작하는 것 또한 관행이었다.

연방蓮榜과 계방桂榜 동년들의 〈연계동년계회도〉(1632)

17세기 계회도에서 주목되는 것은 감상화에 속하는 소재가 화면에 등장한 점이다. 이러한 계회도는 계회의 장면보다 계회와 무관한 모티프를 감상의 대상으로 삼는 데 중점을 두었다. 즉 시각적인 기록이라는 측면에서 벗어나 '기념물', 혹은 '완상물'로서의 의미를 예시하는 형식이다. 이러한 감상화 소재의 채택은 계회도가 형식화 일변도로 그려지는 경향에 관한 일종의 반감 때문으로 볼 수 있다. 또 한편으로는 그림이 주는 심미적인 측면에 관심을 반영한 결과이기도 하다. 이는 17세기의 계회도에 나타난 주요 특징이자 또 하나의 다양성을 예시해 준다.

방회도와 관련하여 감상용 모티프를 그린 사례로는 개인 소장의 1632년(인조 10) 작 〈연계동년계회도蓮桂同年契會圖〉가 전한다. '연계동년蓮桂同年'이란 연방蓮榜과 계방桂榜의 동년이라는 뜻이다. 소과인 사마시의 합격자 명단을 연방蓮榜이라 하고, 대과인 문과 합격자의 명단을 계방桂榜이라 한다. 즉 1606년(선조 39)의 생원진사시와 18년 뒤인 1624년(인조 2)의 증광시에 함께 합격한 7인은 사마시의 동방이면서 동시에 같은 문과 동방이라는 이중 동방의 관계가 형성된다. 이 첩을 만든 시기는 좌목의 왼편에 '崇禎五年壬申十二月日'이라 적혀 있어 1632년(인조 10)임을 알 수 있다.

이들이 제작한 계회도에는 박돈복朴敦復(1606-?), 조공숙趙公淑, 이시직李時稷(1572-1637) 등 7인의 인적사항이 적혀 있다. 이름과 자, 생년, 호, 본관 등 기본적인 사항을 기록하였고, 관직과 품계는 쓰지 않았다. 행을 바꾸어서는 사마시와 문과의 개인 성적을 기록하였다. 이들은 지속적인 모임을 위해 계원 간의 결속을 강화하고 상부상조할 것을 약속하는 규칙 6조를 '계헌稧憲'이라 하여 좌목 뒤에 기록해 두었다.

〈연계동년계회도〉에는 그림과 좌목이 3면씩 첩으로 장황되어 있다. 그림에는 물가의 조류鳥類 등 화조화가 주된 소재로

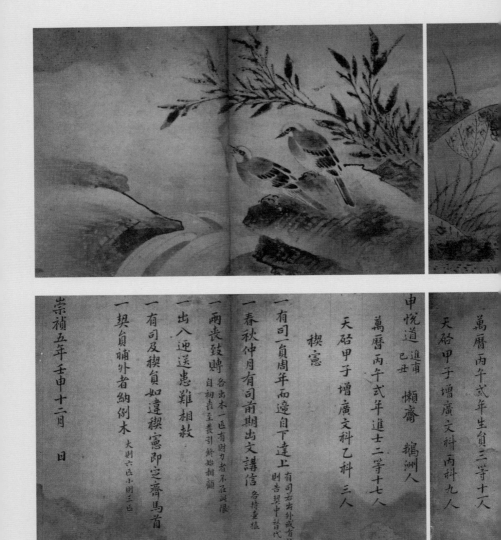

그림 50 《연계동년계회도》, 소장처 미상

위쪽 좌측부터 〈죽조도〉, 〈연로도〉, 〈노안도〉

朴敦復 先悔
甲申 滄洲 務安人

萬曆丙午式年生員三等二十五人

趙公淑 士善
甲申 雲溪 箕城人

天啓甲子增廣文科丙科十六人

萬曆丙午式年生員三等三十四人

天啓甲子增廣文科乙科

李時稷 聖俞
壬申 竹窓 延安人

萬曆丙午式年進士三等十二人

天啓甲子增廣文科丙科二十八人

李惟吉 汝善
壬午 廣居 全州人

萬曆丙午式年進士三等二十六人

天啓甲子增廣文科丙科二十四人

洪霖 景澤
壬午 撫鬆 豐山人

萬曆丙午式年生員三等四十三人

등장한다. 이를 순서대로 보면, 〈노안도蘆雁圖〉, 〈연로도蓮鷺圖〉, 〈죽조도竹鳥圖〉 등으로 이름 붙일 수 있다. 제1면에는 물가 바위 위에 앉은 새와 죽엽竹葉, 제2면에는 녹색의 연잎, 헤오라기, 연밥 등, 제3면에는 간략하게 그려진 갈대를 배경으로 한 쌍의 기러기가 그려져 있다. 물가의 바위에는 강한 먹과 여백의 대비를 이룬 절파화풍浙派畵風의 영향이 보이며, 화조 부분도 전형적인 조선 중기의 화풍에 가깝다.

　　방회도를 만남의 장면이 아닌 화조화로 그린 것은 화첩의 소유자 개인의 취향에 따른 것으로 보인다. 감상용 그림이 갖는 기념물로서의 성격이 잘 나타나 있다.

기유년 사마시 합격 동기생들의 〈기유사마방회도〉(1669)

　　〈기유사마방회도己酉司馬榜會圖〉는 1609년(광해 1) 사마시에 입격한 동기생들이 입격한 해로부터 60년이 되는 1669년(현종 10)에 회방연回榜宴을 갖고 이를 기념하여 제작한 기념첩이다.

　　조선시대의 방회도 가운데 가장 나이 많은 관료들이 남긴 사례는 이 방회도가 유일하다. 특히 자손들이 준비하여 부친 한 사람의 회방연을 연 경우는 있지만, 회방의 주인공인 여러 명의 동방이 한자리에 모인 형태는 찾아보기 어렵다. 사마시 이후

그림 51 〈기유사마방회도〉, 고려대학교박물관 제공

60년 만에 맞는 방회는 '회방回榜'이라 하며, 매우 드문 사례로 여겼다.

이 방회의 참석자는 81세의 이조참판 이민구李敏求(1589-1670), 91세의 돈지돈녕부사 윤정지尹挺之(1579-?), 85세의 동지중추부사 홍헌洪憲(1585-1672) 등 3명이다. 이들은 놀랍게도 모두 80세를 넘겨 장수한 분들인데, 당시로 친다면 평균 수명의 두 배를 넘게 사신 분들이다. 이와 같은 회방을 겸한 방회는 혼자만 오래 산다고 해서 되는 것이 아니다. 함께 장수한 동기생이 있어야만 가능하다. 이 경우처럼 사마시의 동기생 3명이 함께 회방연을 갖게 되는 경우는 매우 희소하다. 그리고 그들이 한자리에 모였다는 사실은 더욱 진귀한 일이다.

이 방회첩의 구성은 방회도에 이어 참석자의 좌목, 홍헌의 글, 방회의 주인공 3인이 즉석에서 지은 시, 허목許穆의 서문(1620), 하객으로 참석한 이경석李景奭, 박장원朴長遠, 심유沈攸, 이정李程, 권해權瑎의 차운시, 권협權悏에 대한 제망제문祭亡弟文 등의 순으로 되어 있다.

이날의 방회는 이민구李敏求의 저택에서 열렸다. 화면 왼편에 설치한 차일 안에서 연회가 열리고 있다. 가운데에 회방연의 주역인 3인이 앉았고, 좌우에 꽃을 꽂는 항아리를 두었으며, 그 사이에서 무동 두 명이 춤을 추고 있다. 맨 좌우측에는 악기를 연주하는 남녀 악사가 자리 잡았고, 그 아래에는 초대 손님 5명이 앉았다.

오른편의 부속 경물을 함께 그린 것은 이곳이 사가(私家)라는 장소를 암시하기 위한 표현 방식이다. 그런데 이 그림은 잘 알려진 이경석李景奭의 〈사궤장연회도賜几杖宴會圖〉(1688)의 화면 구성이나 묘사방식을 비교해 보면, 유사한 면이 많다.[52]

연회 장면의 배치와 수목樹木 묘사의 기법, 원산遠山의 채색효과 그리고 안개처리 방식 등에서 공통점을 볼 수 있다. 방회의 장면이 그 장소를 설명한 배경의 경관과 서로 대등한 비중으로 설정된 것이 특징이다. 17세기 이후의 계회도에서 볼 수 있는 새로운 경향이다.

동방계회도 제작은 16, 17세기에 크게 성행하였고, 18세기 이후에는 사례가 급격히 줄었다. 이는 18세기 이후에 생원, 진사 출신으로 문과에 급제한 사례의 저조 현상과 직·간접으로 관련이 있을 것이다.[53] 즉 생원, 진사를 거치지 않고 유학幼學의 신분에서 바로 대과大科에 응시하여 급제하는 경우가 18세기 이후부터 증가함에 따라 사마시는 관로의 첫 관문이라는 인식이 희박해졌다. 그 결과 동방의 관계도 방회를 가질 만한 명분도 점점 약화되었다고 하겠다.

과거 합격 60주년 기념과 회방연도回榜宴圖

평생도平生圖는 관직을 지낸 사람의 일생에서 가장 기억에 남고, 기념할 만한 장면을 골라 8폭-10폭의 병풍으로 그린 그림을 말한다. 평생도 병풍은 그 주인공에게 일생의 자랑할 만한 기록이며, 후손들에게는 선조가 남긴 집안의 가보家寶였다. 회화사繪畵史에서 풍속화로 분류되는[54] 평생도는 돌잔치, 글공부, 혼인,

과거급제, 임관任官, 회갑, 회혼 등의 테마로 구성되는데, 이 가운데 관직 생활과 관련된 주제가 가장 큰 비중을 차지한다.[55]

평생도는 현재 여러 점이 전하고 있는데, 여기에서는 김홍도金弘道(1745-?)가 그린 모당慕堂 홍이상洪履祥(1549-1615)의 《모당평생도慕堂平生圖》, 담와淡窩 홍계희洪啓禧(1703-1771)의 일생을 그린 《담와평생도淡窩平生圖》, 그리고 주인공을 알 수 없는 《평생도》 10폭 병풍 등이 알려져 있다. 먼저 3점의 평생도 가운데 '삼일유가三日遊街'와 '회방례回榜禮', '회방연回榜宴'의 순으로 살펴본다.

일생의 영광스러운 기억, 〈삼일유가도〉(19세기)

19세기에 유행한 《평생도》의 한 주제로 그려진 것이 '삼일유가三日遊街'이다.[56] '삼일유가'란 과거에 급제한 사람이 사흘 동안 시관試官과 선배, 친척 등을 방문하며 합격 인사를 올리는 것을 말한다. 과거의 관문을 통과하여 갖게 된 삼일유가는 합격의 기쁨을 나누는 가장 기억에 남는 일 가운데 하나였다.

삼일유가는 대개 급제자 발표가 있은 후 시작되어 사흘 동안 진행되었다. 급제자는 먼저 좌주座主를 찾아가서 인사를 해야 한다. 좌주는 곧 시관試官, 즉 시험관을 이르는 말이다. 급제자는 자기를 선발해 준 시험관을 스승처럼 여겼는데, 이를 좌주·문생의 관계라 하였으며, 급제자는 좌주에게 평생 문생門生의 예를 다하여야 했다.

근대기 풍속화가 김준근金俊根(생몰년 미상)의 그림을 보면 급제자가 어사화御史花를 머리에 꽂고 걸어가는 장면이 있다. 합격한 사람이 합격증인 홍패紅牌 주머니를 어깨에 멘 관원의 안내를 받으며 걸어가고 있다. 상단의 제목에는 "과가ᄒ난사람"이라 적혀 있다. 과거 시험에 합격하여 오는 사람을 그렸다는 뜻인데, 내용은 급제자가 어사화를 꽂고 관리들의 안내를 받으며 이동하는 모습이다. 과거 시험에 어사화는 곡선 형태를 유지하기 위해 끝자락에 실을 매어 입에 물었다. 과거급제자에게 이 순간은 잊지 못할 장면이었을 것이다.

다음 그림은 과거 급제자가 어른이나 선배 관리들에게 인사를 올리는 장면이다. 우측 상단에 "신은신례짓고"라 적혀 있다. 과거시험에 급제한 사람은 '신은新恩', '신래新來'라고도 불렀다. 그런데 그림 속의 신임 관리는 팔을 뒤로 꺾인 채 인사를 올리는 모습이다. 아마도 급제자가 첫인사를 할 때 겪는 관행적인 벌칙 같은 것으로 추정된다. 첫 번째 관문은 신체에 제재를 가하는 고통과 수모를 견뎌야 하는 것이다.

급제자는 임금이 내려 준 어사화를 모자에 꽂은 채 광대와 삼현육각三絃六角을 앞세우고 사흘간 거리를 다니며 축하 행사

그림 52 김준근, 〈과가ᄒ는사람〉, 프랑스 국립기메동양박물관 소장

ᄅ 것비실은신

그림 53 김준근 〈시지자〉 프랑스 구리기메도야박물관 소자

를 가졌다. 유가游街는 기본적으로 과거를 준비하는 젊은 선비들을 권려勸勵하기 위한 방편으로 시행하였다.[57] 예컨대 중종中宗은 유가를 비록 유희로 보기도 하지만, 여항閭巷의 사람들이 구경하는 바이므로, 이로 인하여 인심을 흥기興起시키려는 것이 조종祖宗의 본뜻이라고 했다.[58]

삼일유가는 임금이나 왕후가 돌아가셨거나 흉년이나 가뭄이 들었을 때는 시행하지 않았다.[59] 조선 전기에는 흉년에도 급제자의 유가를 시행하기도 했는데, 그것은 유가를 어려운 여건 속에서도 권장하고 격려해야 하는 일로 여겼기 때문이다.[60] 숙종 대에는 유가의 금지령을 내리는 등 엄격히 관리하였는데, 이를 지키지 않고 위반한 경우에는 파직도 불사했다. 예컨대 1719년(숙종 45) 왕비와 세자빈의 병세가 위중한 때에 문과에 장원壯元 급제한 이성환李星煥이 유가를 행하다 파직되는 일이 발생했다.[61] 장원 급제자를 파직시킨 일은 매우 이례적인 일이다. 그렇지만, 삼일유가는 많은 유생에게 과거의 합격이라는 영광을 선망하게 하고, 과거 시험에 매진하게 하는 동기를 부여하는데 도움을 주었다.

먼저 삼일유가를 그린 그림은 아니지만, 어사화와 관련하여 '장원홍壯元紅'이라는 화제畫題가 적힌 그림이 있어 관심을 끈다. 이 그림은 19세기에 화원으로 활동한 유숙劉淑(1827-1873)이 그린 것으로 전한다. 그림 왼쪽 상단에 '장원홍壯元紅'이라 적혀 있어 과거에 급제한 것을 축하하는 꽃 그림이라는 뜻으로 읽힌다. 이 꽃은 무궁화라고 소개한 곳이 있으나 사실은 모란을 그린 것이 다. 장원홍은 중국의 국화인 모란의 대표 품종이며, 중국에서는 모란을 '장원홍'이라 부른다.

평생도에 그려진 〈삼일유가도〉를 살펴보자. 대표적인 사례 로 전하는 것은 홍이상洪履祥(1549-1615)과 홍계희洪啓禧(1703-1771) 의 〈삼일유가도〉이다. 홍이상의 《평생도》와 작자미상의 《평생

그림 54 유숙, 〈화조도〉, 개인 소장

도》에 그려진 〈삼일유가도〉는 급제자 일행이 거리를 지나는 장면이고, 홍계희의 〈삼일유가도〉는 가옥 안에서의 연회 장면을 그린 것이다.

먼저 작자미상의 〈삼일유가도〉를 살펴보면, 급제자는 단령團領을 입고 복두에 어사화를 꽂은 채 말을 타고 행진하고 있다. 선두에는 붉은색 상의를 입은 천동天童이 길을 안내하고, 그 뒤편에 붉은색 천으로 싼 홍패紅牌를 든 사람들이 앞서가고 있다. 그 뒤를 악공들이 북, 장구, 해금, 대금, 향피리 등을 연주하며 행진하는 중이다. 광대는 붉은 옷을 입고 깃털을 단 모자를 썼다.

그림 속의 특색과 비교해 볼 자료는 『경도잡지京都雜誌』에 실린 「풍속유가風俗遊街」의 내용이다. 옮겨 보면 다음과 같다.

진사에 급제하여 방방放榜이 되면 유가遊街를 하는데, 세악수細樂手·광대·재인을 대동한다. 광대는 창우倡優인데, 비단옷에 황초립黃草笠을 쓰고 채화綵花를 꽂고 공작의 깃털을 들고 어지러이 춤추며, 재인은 줄을 타고 재주를 넘는 유희를 한다.[62]

위의 기록에서 악공과 광대는 〈삼일유가〉에 빠짐없이 등장하는 인물이다. 그러나 보이지 않는 사람이 재인才人들이다. 재

그림 55 《모당(홍이상) 평생도》, 국립중앙박물관 소장

그림 56 〈삼일유가도〉, 국립중앙박물관 소장

그림 57 《담와(홍계희) 평생도》, 국립중앙박물관 소장

인들의 공연은 이동하면서 펼치기에 어려움이 있었을 것인데, 아마도 행렬이 멈추어 있을 때 재인들의 재주가 펼쳐졌으리라고 본다.

19세기에 실제 유가를 행한 사람이 기록한 자료를 통해 삼일유가의 실상을 살펴보자. 여기에 참고할만한 자료는 1825년 (순조 25) 식년시式年試에[63] 진사로 입격한 24세의 심동규沈東圭 (1802-?)가 남긴 기록이다. 심동규는 유가를 치르면서 들어간 비용 총액과 세부 내역을 〈유가후하인등처하기遊街後下人等處下記〉

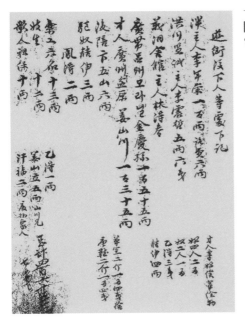

그림 58 벽계영유록 〈유가후하인등처하기〉, 한국학중앙연구원 장서각 제공

라는 한 장의 고문서로 남겨 두었다. 내용을 표로 정리하면 다음과 같다.

구분	인물	금액
주인(主人)	반주인(泮主人) 이년숭(李年崇) □비(□費)	100냥 6냥
	홍천감시주인(洪川監試主人) 이곽철(李霍哲)	5냥 6전(戔)
	의동사관주인(義洞舍館主人) 임득춘(林得春)	
광대(廣帶)	광대여주(廣帶呂州) 모라닐 김경손(金慶孫)	155냥
재인(才人)	광주익원(廣州益原) 강산천(姜山川)	135냥
	후배(後陪) 변오산(卞五山)	6냥
	구노(驅奴) 철이(哲伊)	3냥
	봉득(鳳得)	2냥
악공(樂工)	악공(樂工) 6명(名) 을득(乙得)	13냥 1냥
기생(妓生)	기생(妓生) 강산립(姜山立)[주:산천형(山川兄)],	12냥 5냥
가인(歌人)	조임(祖任) 간□(汗□) [주:경손가인(慶孫家人)],	10냥 2냥
재인등비복배급물(才人等婢僕輩給物)	비(婢) 4인(人)	2냥
	노(奴) 2인(人)	1냥
	을득(乙得)	3전(戔)
	철이(哲伊)	4냥
물품(物品)	화□(華□) 2개(介)	104전(戔)
	당혜(唐鞋) 2개(介)	104전(戔)
총계(恩計) 46□양(兩) □□□		

표 4　유가후하인등처하기(遊街後下人等處下記)

심동규는 유가를 치르면서 총 460냥의 비용을 지불했다. 지출처를 보면, '주인主人'이라고 표기한 사람들, 특히 반주인泮主人이년숭李年崇에게 100냥과 6냥을 주었다. 반주인이란 과거 시험에 응시하려고 서울에 올라온 시골 선비들이 성균관 근처에서 많이 묵었는데, 그때 묵었던 집주인을 이르던 말로 이해된다.[64] 즉 성균관 근처에서 며칠을 체류하며 시험 정보를 알려 주고, 응시 준비를 도와준 사람을 반주인이라 한 것으로 추측된다.

그다음에 적힌 홍천감시주인洪川監試主人 이곽철李霍哲에게는 5냥 6전을 주었는데, 아마도 모종의 도움을 받았던 것으로 짐작된다. 의동사관주인義洞舍館主人 임득춘林得春에게 사례한 금액도 같았을 것이다.

또한 주목되는 것은 광대와 악공에게 지급한 금액이다. 광대 김경손金慶孫에게 가장 많은 금액인 155냥을 주었다. 유가에 동원된 인력들에게 지불한 금액 중 가장 큰 액수이다. 그만큼 유가에 있어 광대의 역할과 비중이 컸음을 말해 준다. 다음으로 악공에게는 12냥을 주었다. 악공이 6명일 경우, 한 사람당 2냥씩 받은 셈이다.

심동규의 유가에는 앞서 본 홍이상의 《평생도》에는 나오지 않은 사람들이 보인다. 재인才人, 기생, 가인歌人 등이다. 이들에게 지급된 금액 가운데 재인 강산천姜山川에게 135냥을 주었다.

재인에 딸린 비복婢僕들에게 준 금액도 나온다. 광대 다음으로 큰 비중을 차지한다. 또한 기생은 몇 명인지 알 수 없지만 12냥을 주었고, 노래 부르는 가인 조임祖任에게는 10냥을 주었다. 심동규의 경우는 유가를 한번 행하는데 들인 돈이 모두 460냥이 넘었다. 19세기의 소과에 입격한 심동규가 남긴 〈유가후하인등처하기〉는 유가에 들어간 구체적인 비용을 살필 수 있는 흥미로운 자료이다.

앞서 살펴본 3점의 삼일유가 그림에는 기생과 재인이 등장하지 않았다. 그러나 실제로 광대와 악공은 반드시 참여하여 가두행진을 벌였고, 재인과 가인들이 춤과 재주를 펼치는 공연의 형식으로 진행되었다.

회방례와 회방연, 〈북원수회첩〉과 〈회방연도〉

소과나 대과에 급제한 날로부터 60년이 지났을 때 벌이는 축하잔치에는 회방례回榜禮와 회방연回榜宴이 있다. 20대 중반에 과거 시험에 합격했다 하더라도 회방연을 치르려면 보통 80세가 넘어야 한다.

회방을 맞이한 가장 이른 기록의 주인공은 90세를 살았던 송순宋純(1493-1582)이다. 그는 27세인 1519년(중종 14) 별시 문과에 급제하였고, 60년이 지난 1579년(선조 12)에 회방을 맞았다. 당시 나이 87세였다.

현종과 숙종 대에 관료를 지낸 이광적李光迪(1628-1717)은 1656년 (효종 7) 29세로 별시문과에 급제한 뒤, 한 갑자가 지난 1716년 (숙종 42)에 회방연을 치렀다. 당시 89세였다. 이때 1579년에 있었던 송순의 회방연의 예에 따라 숙종은 어사화를 내리고 쌀, 고기 등을 내려 주었다. 회방은 거의 평균 수명의 두 배를 넘긴 80세 후반이 되어야 영화롭게 맞이할 수 있었다.

회방례와 관련한 기록화로 국립중앙박물관 소장《평생도》 10폭 병풍의〈회방례도回榜禮圖〉를 살펴본다. 이 그림은 60년 전 과거에 급제하였을 때 행한 유가遊街 장면을 재현한 것이다. 평생도의 여러 장면 가운데 회방례 그림이 포함된 것은 매우 드문 경우이다.〈회방례도〉는 주인공이 60년 전에 그랬던 것처럼 궁궐로 가서 임금에게 어사화와 회방 홍패를 받은 뒤 집으로 돌아오는 행렬을 그린 것이다.

회방의 주인공은 머리에 쓴 복두幞頭에 어사화御史花를 꽂고 가마를 탄 채 이동하고 있다. 말이 아닌 가마를 탄 점이 이채롭다. 그 뒤쪽에는 여輿를 탄 관리가 앉아 있는데, 회방을 맞이한 주인공의 아들로 추정된다. 품계가 높은 관직에 있는 인물일수록 출세한 아들이 뒤를 따르는 것이 관례였다.

그림 59 〈회방례도〉, 국립중앙박물관 소장

행렬의 맨 앞에는 일산日傘을 든 사람이 있고, 그 뒤에 비단으로 싼 홍패를 들고 있는 사람, 8명의 악공과 2명의 광대가 그 뒤를 따르며 춤추고 있다. 그러나 아무 기록을 남기지 않아 회방의 주인공이 누구인지, 이 공간이 어디이며, 무슨 연유로 각 그림을 그리게 되었는지 알 수 없다. 특정인을 위해 만든 것이라기보다 회방례를 꿈꾸는 누군가가 자신의 소망을 담아 만든 병풍으로 보인다.

18세기의 진경산수화眞景山水畫를 선도했던 화가 정선鄭敾 (1676-1759)이 그린 〈북원수회도〉가 포함된 《북원수회첩(北園壽會帖)》은 1716년(숙종 42) 숙종 대의 문신 이광적李光迪(1628-1717)의 회방을 기념하여 그린 것으로 이광적이 인근에 사는 노인들을 초대하여 축하연을 열고 있는 장면을 그린 것이다. 북원수회北園壽會는 '한양 북쪽에 사는 노인들의 모임'이라는 뜻이다. 좌목의 제목 아래에는 모임을 가진 시간과 장소 등을 기록하였다. "丙申十月二十二日會于藏義洞隱巖李公之家"라 적혀 있어 1716년 가을에 서울 장의동藏義洞 이광적의 집에서 열린 모임임을 알 수 있다.

이광적의 호는 은암隱巖이며, 관직은 지평, 정언 등을 역임하고 함평, 강릉현감, 영월군수 등 여러 지역의 지방관을 지냈다. 1706년에는 공조판서에 올랐다. 이 모임은 이광적이 자신의 회

정선, 〈북원수회도〉, 국립중앙박물관 소장

방연을 치른 뒤 동네 노인들을 대접하고자 모임을 마련했을 가능성이 크다.

《북원수회첩》에는 정선이 그린 '수회도'가 들어 있고, 70세 이상의 노인 15인과 그 후손들의 명단, 이 모임을 주도한 박현성朴見聖(1642-1728)의 글과 시, 박현성의 시를 차운한 이광적의 시, 참석자를 비롯한 11인의 시와 박현성의 아들 박창언朴昌彦이 쓴 발문 등으로 장첩되어 있다. 박창언의 글에 의하면, 섬돌 오른쪽 기둥을 중심으로 왼쪽은 주요 손님들이 좌정했고, 오른쪽은 그들의 자제들이 자리를 잡았다고 했다. 박창언은 모임의 내용과 그림을 정확히 결합하여 참석자의 앉은 위치와 아이의 이름까지도 상세히 기록하였다.[65]

첩에 실린 박현성의 축하 글에는 한 동洞에 함께 살며 나이가 70세 이상인 사람이 15, 16명이나 된다는 것은 세상의 귀한 일이라고 했다. 그러나 박현성 자신은 이 자리에 병으로 참석하지 못했다. 그림은 정선이 41세 때 그린 것인데, 비교적 차분하고 단정한 필치를 구사하였다. 〈북원수회도〉의 화면 구성은 전체 부감사선투시법을 적용하였으며, 큰 저택의 마당에 자리 잡은 방과 대청이 있는 건물 안에서 회방연이 열리고 있다. 마당 주위의 여러 수목들을 꼼꼼하게 그렸다.

그림 오른쪽 아래에 "북쪽의 장동사람 정선이 삼가 그리다(北壯洞人鄭敾元伯敬寫)"라고 적혀 있다. 가옥 왼편의 대청과 방에 앉은 이들이 이날의 주인공인 노인들이다. 모두 11명이 그려져 있다. 방 안쪽에 남쪽을 바라보고 앉은 이가 이광적이다. 사랑채 오른쪽에 앉은 이들은 노인들을 모시고 온 후손들이다. 건물 밖에는 음식상을 차려 두고 기다리는 여종과 그 아래의 가마꾼들, 오른쪽 마당에는 노인들을 모시고 온 수행원들이 모여 있다.

여러 정황으로 미루어 볼 때 《북원수회첩》은 모임이 있었던 때에 바로 제작된 것으로 보기 어렵다. 이광적이 1717년 사망하였으며, 이후 몇 년의 기간에 걸쳐 완성된 것으로 추정된다.

이광적의 회방연은 한번이 아닌 여러 번의 잔치로 이어졌다. 이해 여름에 있었던 또 다른 축하잔치를 그린 〈회방연도回榜宴圖〉한 점이 전한다. 그림에 별도로 기록한 시와 간기에 따르면 1716년(숙종 42) 하지에 있었던 모임의 장면을 그린 것이다. 그림 오른쪽 아래에 몇 글자가 떨어져 나갔지만 "鄭敾···秋寫(정선이···가을날 그리다)"라고 적혀 있다.

〈회방연도〉의 경우는 집 뒤편의 배경에 산을 그렸는데, 이를 제외하면 그림의 구성은 〈북원수회도〉와 매우 흡사하다. 섬 돌

그림 61 정선, 〈회방연도〉, 개인 소장

위에는 아낙들이 음식을 준비하고 있고, 대문 안쪽으로도 음식을 이고 오는 여성들이 보인다. 또한 마당 왼쪽 아래에는 가마꾼들이 모여 이야기를 나누고 있다. 잔치가 진행되는 집안의 분위기를 한 화면에 이렇게 구성했다. 화면의 오른쪽 아래에는 큰 소나무를 배치하여 정선의 회화적 기량을 유감없이 발휘했다. 이 광적의 증손자인 이한진李漢鎭(1731-?)이 잔치에 참석한 천정 박몽경朴夢卿의 축하시를 전서체로 쓴 발문이 별지에 붙어 있다.[66]

과거의 합격을 축원한
그림

조선 후기에 이르면 과거 시험에 합격을 기원하는 민화풍^民
畵風의 그림이 활발히 그려졌고, 민간으로도 널리 유행하며 소
비되었다. 지금으로 본다면 수험생들이 명문 대학에 합격하기
를 바라는 소망을 담은 그림에 비유할 수 있겠다. 즉, 누구나 이
런 그림을 가까이 두고 과거 합격의 소원을 빌면, 그 바람대로
소망이 이루어진다는 믿음을 주었던 그림이다. 이처럼 과거시
험의 합격을 기원하는 그림들은 앞서 다루었던 과거 관련 기록
화류 보다 훨씬 더 많이 그려졌다. 물론 간략히 그릴 수 있는 그
림이기에 대량 생산이 가능하였고, 저렴한 가격으로 널리 거래
될 수 있었다. 그림의 수요자는 과거 시험을 통해 신분 상승과
출세를 꿈꾸던 평민층이 가장 많았고, 양반계층도 큰 수요자의

몫을 했다. 양반가의 자녀들에게도 부와 신분을 상속하고 유지하기 위해서는 과거 시험이 관건이었다.

과거 시험의 합격을 축원하는 그림은 문인화가의 수묵화水墨畵와 화원畵員 및 민간화가들이 그린 채색화로 나뉜다. 특히 민화로 통칭되는 채색 그림들은 대중들의 소망을 담은 길상화吉祥畵의 한 종류로 유행하며 널리 그려졌다. 이 그림들은 구한말에서 근대기로 넘어가는 역경의 시기를 살았던 많은 대중에게 삶의 희망과 위안을 주었던 그림이다.

과거 합격의 축원과 관련된 그림의 대표적인 주제는 용과 물고기를 소재로 한 어변성룡魚變成龍, 책가도와 책거리 그림 속의 상징, 또한 화조와 어해魚蟹를 주제로 한 그림으로 구분된다. 이 그림들은 과거 합격을 바라는 많은 사람이 소비하고 애완했던 그림인 만큼 그 사례를 구체적으로 살펴볼 필요가 있다. 또한 이 그림들은 앞 장에서 살펴본 여러 기록화와 성격이 다르지만, 과거 관련 회화자료를 다루는 이 기회에 함께 살펴보고자 한다.

어변성룡과 등용문登龍門

물고기 한 마리가 파도치는 물결 위로 훌쩍 뛰어오르려는 장면의 그림을 약리도躍鯉圖라고 한다. 또한 물고기가 용으로 변신하는 도상은 어변성룡도魚變成龍圖라 부른다. 약리도와 어변성룡도는 조선 후기부터 20세기 초까지 과거 시험의 합격을 축원하는 그림으로 널리 유행하며 그려졌다. 이 절에서는 각 그림의 내용과 주요 특징을 살펴보기로 하겠다.

출세의 관문 〈등용문〉

등용문은 '용문龍門에 오르다'라는 뜻이다. 과거 시험을 준비하며 어렵고 힘든 과정을 이겨 내고 정상의 관문인 용문을 통과하는 것은 곧 과거의 합격을 의미한다. 따라서 '등용문'이라 함은 과거에 합격하여 관리로 나아감, 즉 출세를 뜻하는 말이다.

등용문을 가장 잘 형상화한 그림에는 물고기가 주인공으로 등장한다. 이는 잉어가 중국 황허(黃河)강 상류의 급류인 용문에 뛰어오르면, 용이 된다는 설화에서 비롯된 것이다.[67] 설화 속의 용문에는 급히 흐르는 여울이 있어 웬만한 물고기는 거슬러 오를 수 없다고 한다. 그러나 용문 위로 한번 뛰어오르기만 하면 물고기는 용으로 변신한다고 하는데, 이러한 목적으로 뛰어오른 물고기를 그린 그림을 '약리도'라 부른다.

심사정沈師正(1707-1769)이 수묵화로 그린 〈어약영일도魚躍迎日圖〉는 수묵에 담채로 그린 문인화풍의 그림이다. 18세기에 그린 '어약용문도'로는 보기 드문 그림이고, 화면 크기도 큰 편이다. 세차게 출렁이는 파도와 그 속에서 뛰어오르는 물고기 한 마리를 자유분방한 필치로 그렸다. 물고기가 향하는 수평선에는 붉은 해가 걸쳐 있는데, 화면 구성으로 보아 전형적인 약리도에 속하는 그림이다.

화면 왼쪽 상단에 "1767년 음력 2월 삼현三玄을 위하여 묵희墨戲로 그리다.(丁亥春仲爲三玄戲作)"라고 적혀 있다. 삼현이 누구인지 알 수 없지만, 이 그림은 그의 과거급제를 축하하여 그려준 것으로 짐작된다.

어약용문은 19세기 이후 대중적인 수요가 많았던 그림이며, 문인화뿐 아니라 민화로도 그려져 큰 유행을 이루었다. 19세기 중엽 서울의 풍물을 기록한 『한양가漢陽歌』에는 민화를 포함한 그림을 판매하는 가게가 광통교 아래에 있었고, 그 가게에서 팔린 그림의 품목 가운데 '어약용문'이 포함되어 있다. 이 기록들은 그림 가게에 있던 그림의 종류와 내용까지 설명해 놓아 19세기 중엽의 시전에서 거래된 그림의 화제를 알 수 있는 매우 유

옥기빅금벌이며
손호까지밀화보류슈
옷슬고호슬가진민돕
병화흥기쵸낭염다
보기룰혼벙롱쵸의
빗갓쓰오지연과
한가호쇼상팔경
산슈호리아ᄒ다
희학반도십장싱과
벅장물쳣민죽군즉
활셜내희룡슐여
루회명츄흘모양
스립옷슬쳐녀쓰고
고돈뉵시불의너고
어진사람 뇌드려고
쵸효와셔보닐거롱

옥장도딩끼장도
빗쯰혼옥쇠졀실노
광룡끈아킈가지
각쇠그림졀녀긔ᄉ
곽보앙힝낙두도며
강남금룡경젹도며
다락벅졔견ᄉ호
장지문어약글룡문
힘쳥궁흘복불죽시호
ᄀ은농셩젼이가
쥬나라강틱공이
즁팔십노옹으로
셔옥기만기말슐졔
쥬문왕착ᄒ일졔
한ᄂ라상산ᄉ호
갈건야복쵸인야양

그림 63 종로 사진 엽서, 서울역사박물관 소장

1990년대 광통교 일대

용한 자료이다. 내용 일부를 옮겨 보면 다음과 같다.

광통교 아래 가게 각색 그림 걸렸구나. 보기 좋은 병풍
차屛風次의 백자도百子圖, 요지연瑤池宴과 곽분양행락도郭
汾陽行樂圖며 강남 금릉金陵의 경직도耕織圖며 한가한 소
상팔경瀟湘八景 산수도 기이하다. 다락벽 계견사호鷄犬獅
虎. 장자문障子門 어약용문魚躍龍門, 해학반도海鶴蟠桃, 십
장생十長生과 벽장문차 매죽난국梅竹蘭菊. 횡축橫軸을 볼
작시면 구운몽九雲夢 성진性眞이가 팔선녀八仙女 희롱하

여 투화성주投花成珠하는 모양, …

    위의 『한양가』에 실린 그림 가운데 병풍으로 만들 백자도, 요지연도, 곽분양행락도, 경직도, 소상팔경도 등은 아마도 화원들이 그린 궁중 양식의 그림으로 추정된다. 그리고 나머지 그림들은 그림을 붙였던 위치를 기록해 두었는데, 어약용문도는 해학반도도, 십장생도와 함께 장자문, 즉 방과 방, 방과 마루 사이에 난 문에 주로 붙이는 용도라고 되어 있다. 이러한 그림들은 생활공간을 장식하는 단 폭짜리 생활장식화로 그려지고 소비되었음을 알려 준다. 『한양가』에 나온 '약리도'는 대량생산하듯이 여러 점을 한꺼번에 그려서 저렴한 가격에 판매한 민화로 볼수 있다.

    대량으로 제작하여 그림 가게에 내놓은 대표적인 사례는 프랑스 파리 국립기메동양박물관 소장의 〈약리도〉이다. 거센 물결 위로 뛰어오른 물고기가 여의주를 삼키면 용이 된다는 설정을 형상화한 그림이다. 이 그림은 물고기와 구름의 문양을 간략하게 도식화하였고, 맨 위쪽에 태양을 그렸다. 붉은색과 청색의 대비를 활용한 강렬한 채색을 사용함으로써 장식적인 효과를 강조하였다.

    이 〈약리도〉는 1888년에 조선을 방문한 프랑스 인류학자 샤

그림 64 〈약리도〉, 프랑스 국립기메동양박물관 소장

를 바라Charles Varat(1842-1893)가 수집해 간 것으로 『한양가』에 나온 '어약용문'이 이러한 도식화된 채색 그림과 밀접한 관련이 있음을 짐작하게 한다. 이러한 '약리도'나 '어약용문도'는 과거 시험을 앞둔 유생들에게 합격을 기원하며 격려의 선물로 주고받았던 그림이다.

한미한 선비의 인생 반전, 어변성룡魚變成龍

어변성룡은 물고기가 변하여 용이 된다는 의미이다. 즉 미미한 존재와 같은 유생儒生이 과거 시험에 합격하게 되면 급격한 신분 상승과 더불어 출세의 주인공이 될 수 있음을 비유한 말이다. 고려시대의 청자에 '어변성룡'을 형상화한 사례가 있어 그 용어의 연원이 상당히 오래되었음을 알려 준다. '어변성룡도'가 그림과 공예품으로 널리 형상화된 사례는 조선 후기와 19세기의 민화에서 볼 수 있다.

고려시대의 청자 가운데 용머리와 물고기의 형상이 함께 표현된 사례가 있다. 대표적인 것이 호림박물관 소장의 국보 〈청자용어형주자靑磁龍魚形注子〉이다. 뚜껑은 물고기 꼬리의 형태를 취했지만, 몸통은 비늘로 덮여 있고, 술이 나오는 주구注口는 용의 머리로 되어 있다. 즉 주전자에 술을 담을 때는 물고기의 꼬리

그림 65 〈청자용어형주자〉, 국립중앙박물관 소장

로 들어가지만, 나올 때는 용의 머리로 나온다는 것이다. 즉, 이 청자 주전자로 술을 마시면 물고기가 용으로 변하는 어변성룡의 이야기처럼 출세의 주인공이 된다는 의미를 떠올리게 한다.

민화로 분류되는 '어변성룡도'를 살펴보자. 이 〈어변성룡도〉는 긴 지느러미를 지닌 물고기가 U자형을 그리며 파도 위로 힘차게 뛰어오르는 순간을 그린 것이다. 태양의 붉은 기운이 물고기 속에까지 투영된 듯 주둥이와 아가미, 지느러미와 꼬리 끝에는 이미 붉은색이 배어 있다. 그림의 상단과 중단에 공간을 만들어 글을 적었다.

이 〈어변성룡도〉는 앞서 본 심사정의 〈어약영일도〉와 물고

기의 도상이 매우 유사하다. 시대가 19세기 이후로 내려갈수록 이러한 도상의 정형은 점차 도식화되는 양상을 보인다. 특히 동시에 여러 점을 그려서 판매하는 용도의 그림에는 도식화의 현상이 더욱 뚜렷하게 나타난다.

이렇게 보면, '어약용문도'와 '어변성룡도'는 도상에 있어 각각의 확실한 정형을 정해둔 그림은 아닌 듯하다. 그러나 유사한 도상이라 하더라도 그것을 지칭하는 언어적 명칭이 다르면, 그림의 성격이 다르게 전달된다고 볼 수 있다.[68]

이번에는 채색이 아닌 수묵화로 그린 '약리도'의 사례를 살펴보자. 프랑스 파리의 국립기메동양박물관 소장의 〈약리도〉는 〈신구도神龜圖〉와 함께 대련對聯으로 장황된 그림이다. 간략한 산수를 배경으로 큰 잉어 한 마리가 물 위로 뛰어올랐다. 화면 위로는 구름문양이 채워지면서 폭넓은 공간감이 펼쳐진다. 잉어는 좁은 협로를 통해 나왔지만, 저 멀리 보이는 바다와 같은 미지의 세계를 향하여 용의 변신을 꿈꾸고 있는 존재에 비유된다. '어변성룡'의 주제를 그리면서도 화면상에 매우 신비로운 분위기를 연출한 점이 이채롭다.

그림 좌측 상단에 5언의 시가 있고, 마지막에 '지천芝泉'이라는 먹글씨와 원형의 인장이 찍혀 있다. '어변성룡'의 주제를 그리면서도 화면상에 매우 신비로운 분위기를 연출하여 다채로운

공간과 회화적인 묘사가 조화를 이루었다. 채색이 극히 절제되어 있어 고상한 선비들의 방에 걸어 두었을 그림으로 짐작된다.

차비대령화원差備待令畫員들의 녹취재祿取才에 나온 화제 중에 '어약용문'이 있다. 1803년(순조 3)에 어약용문의 화제가 출제되었는데, 이는 당시 화원들에게 이러한 화제畫題에 대한 폭넓은 이해가 형성되었음을 알려 준다.

책거리와 책가도

'책거리'는 크게 책과 기물을 서가書架에 진열한 형식과 서가 없이 바닥에 놓은 두 가지 형식으로 나뉜다. 서가가 들어가면 '책가도冊架圖' 혹은 '서가도書架圖'로 불렸다. 이 경우 서가에는 서책과 문방구, 고동기, 과일 등으로 채워졌다. 서가 없이 바닥에 책과 기물을 나열하는 형식은 일반적으로 책거리 그림이라 부른다.

'책'은 유교문화권에서 권학勸學의 의미와 더불어 출세의 상징이었다. 개인의 노력으로 과거 시험에 합격할 수 있는 유일한 매체는 책이었고, 책을 통해서 가능했다. 그만큼 권학과 출세의 상징인 책을 주제로 한 책가도나 책거리 그림은 상류층으로부터 평민층에 이르기까지 폭넓게 유행했다.

궁중의 책거리 그림에 관한 수장과 감상은 정조正祖 임금 대부터 시작되었다. 정조 연간(1776-1800)에 청나라에서 전래된 책거리가 조선에 들어왔고 왕실과 상류층의 큰 호응을 얻었다.[69] 책거리 그림의 초기 단계는 길상吉祥과 무관한 그림으로 출발했다. 하지만, 민간을 거치면서 자연스럽게 소망이 담긴 길상의 상징물로서의 성격을 갖추게 되었다. 특히 상류층이 소유한 책거리에는 부의 상징인 진귀한 기물이나 완상품이 들어가 있지만,[70] 평민층에 오면, 장수와 출세, 자손의 번창함 등 복을 불러오는 길상의 매체로 바뀌는 현상을 보인다.

과거 시험의 합격이라는 소망을 담은 책거리 그림은 민화로 많이 그려졌다. 주로 평민 가옥의 방문이나 창문에 붙였던 단폭 짜리 형식이 가장 유행하였다. 이러한 형식은 미국 스미소니언박물관 소장의 〈책거리〉 두 점에서 살펴볼 수 있다. 이 〈책거리〉는 1884년에 조선을 방문한 미국인 존 밥티스 버나도J. B. Bernadou(1858-1908)가 서울의 그림 가게에서 구매한 것이다. 작은 정방형 화면에 오방색이 선명하고 사물의 표현을 단순화시킨 그림이다. 수집한 때가 1884년이므로 이 무렵에 그린 것이 분명하다. 지금으로부터 약 140년 전의 시장에 나왔던 이력이 확실한 그림이다.

그림 68 〈책거리〉, 스미소니언박물관 소장

19세기 당시에는 책거리를 그린 전문화가인 이형록李亨祿의
시대가 끝나고 그의 제자들이 등장한 시기였다.[71] 고급스러운
궁중양식의 책거리 그림이 부유층을 상대로 유행할 때, 이러한
민화 소품 책거리도 함께 제작한 점이 흥미롭다. 이 책거리 두
점에 그려진 소재들은 각각 고유의 상징적인 의미를 갖고 있다.
예컨대 공작 깃털은 높은 관직에 오르는 것을 의미하고, 산호와
복숭아는 무병장수를 뜻한다. 특히 문서 꾸러미는 과거합격 증
서나 관직 임명장 묶음을 가리키고 출세와 성공을 상징한다. 따
라서 이 〈책거리〉 두 점에는 책이 지닌 의미 외에도 장수와 출

세를 바라는 많은 길상의 코드가 담겨 있다.

　버나도가 수집한 이 〈책거리〉 두 점의 용도는 국립민속박물
관의 〈책거리〉를 통해 밝힐 수 있다. 이 〈책거리〉 두 점은 크기
가 세로 41.5㎝, 가로 28.8㎝이다. 여기에도 문서 다발이 그려
지는데, 과거 시험을 통한 출세를 의미하는 물건이다. 이 〈책거
리〉 그림은 스미소니언박물관 소장 〈책거리〉에 그려진 소재와
도 유사하다. 애초부터 액자에 들어가지 못했고, 한번 붙여지면
옮길 수도 없었다. 창문을 액자 삼아 생활공간을 꾸민 그림이

그림 70 〈책거리〉 8풍 병풍, 국립중앙박물관 소장

다. 이를 통해 버나도가 구입한 소품 〈책거리〉 두 점은 평민 가옥의 창문에 붙였던 생활장식화였음을 알 수 있다.

국립중앙박물관 소장의 〈책거리〉 8폭 병풍도 화면 위에 여러 상징이 들어 있지만 책이 빠지지 않았다. 복숭아는 장수를, 수박은 아들 많이 낳으라는 다산多産을 의미한다. 제일 위쪽에 연꽃을 옮겨 놓은 수반이 있는데, 연밥 한 줄기가 위로 솟았고, 그 위에 새 한 마리가 연밥을 쪼고 있다. 이는 과거 시험에서 정답을 맞히게 해 달라는 의미로 해석된다. 그러나 이런 해석은 극히 현대적인 관점이 반영된 것으로 보인다. 과거 시험은 객관식 문항처럼 정답을 골라내는 것이 아니라 종합적인 식견으로 답안을 서술해야 하기 때문이다. 따라서 새가 정답을 골라내듯이 연밥을 쪼는 것은 옛 과거 시험의 맥락에는 부합되지 않는다. 어쨌든 과거 시험은 장수와 다산만큼이나 큰 바람에 속한 사안이었다.

이번에 살펴볼 것은 꽃과 기물이 등장하는 8폭짜리 〈책거리〉 병풍이다. 각 그림의 구성은 뒤편의 큰 화병에 모란꽃을 가득 배치하여 부귀영화가 이 그림의 배경임을 설정하였다. 앞쪽에는 탁자를 설치한 뒤 그 주위에 기물을 쌓아 놓는 방식을 취했다. 하단에는 더 이상 어떤 물건도 놓을 수 없을 만큼 다양한 기물들이 빼곡히 쌓여 있다.

그림 70 《책거리》 8폭 병풍, 프랑스 국립기메동양박물관 소장

그림 72 《책거리》 8폭 병풍, 프랑스 국립기메동양박물관 소장

그림마다 두루마리 문서 꾸러미를 끈으로 묶거나 병에 꽂아 두었는데, 이는 과거 합격증인 홍패紅牌를 의미하는 것으로 합격의 기쁨과 출세를 향한 욕망을 읽을 수 있는 물품이다. 기물의 구성에 있어 투시 관계에 따른 소묘는 불합리한 면이 있지만, 세부묘사는 매우 공들여 그렸다.

첫 번째 폭과 마지막 폭에는 그림 속의 그림인 소형 병풍이 들어가 있다. 이 〈책거리〉 8폭 병풍은 문방도의 개념으로 이해되지만, 단순한 기물 이외에도 석류, 수박, 복숭아 등 길상의 의미를 지닌 소재들도 그려져 있다. 화원양식의 그림이라 하기에는 다소 이례적이고, 민화라 하기에는 수준 높은 화격을 보여주는 작품이다.

화조도와 어해도

백로白鷺와 연밥(蓮果)

　　과거 시험과 연관된 그림 가운데 '일로연과도一鷺蓮果圖'라는 제목의 그림이 있다. 이 그림의 구성은 의외로 단순하다. 원래는 연잎을 배경으로 하여 해오라기 한 마리를 그린 그림인데, 이것을 '일로연과도'라 부르는 것이 기본이 되었다. '일로一鷺'는 해오라기인 '백로白鷺 한 마리'라는 뜻이다. '연과蓮果'는 연밥을 의미하는데, 이때의 '연과'는 소리가 '연과連科'와 같아서 과거 시험에 연이어 합격한다는 뜻으로 풀이된다.

　　즉 '일로연과一鷺蓮果'를 '一路連科일로연과'로 해석하면, 한걸음에 소과小科와 대과大科에 모두 합격하라는 뜻이 된다. 일로연과는 중국에서 과거 시험을 보기 위해 길을 떠나는 사람에게 건네는 관용적인 인사말이었다.[72] 조선시대에는 이를 그림으로 그려 과거를 앞둔 선비들에게 선물로 주는 일이 많았다고 한다.

　　허백련許百鍊(1891-1977)이 그린 〈일로공명一路功名〉은 백로 한 마리가 시든 연잎을 배경으로 서있는 모습이다. 화면에 "한 걸음으로 공을 세워 이름을 세상에 떨치라"는 뜻의 '일로공명'이라 써두었지만, 내용은 '일로연과도'나 다름이 없다. 빠른 필치

그림 73 허백련, 〈일로공명〉, 개인 소장

로 백로의 형태를 그렸고, 연잎은 몰골법沒骨法으로 간결하게 처리하여 화면을 구성하였다. 거침없는 필치가 잘 발휘된 문인화풍의 그림이다.

만약 여기에 백로가 한 마리가 아닌 두 마리가 그려진다면 어떻게 될까? 그렇게 되면 그림의 해석이 달라진다. '일로一路'의 의미가 깨어지므로 한걸음에 소과와 대과를 통과한다는 의미가 통할 수 없다. 즉 백로 두 마리가 그려지면, 과거 시험이라는 맥락에 맞지 않는 그림이 되고 만다.

게 두 마리가 갈대꽃을 물다, 이갑전로二甲傳臚

'이갑전로二甲傳蘆'는 게 두 마리가 갈대꽃을 물고 있는 화제이다. 이 그림은 다음과 같은 해석의 코드를 갖고 있다. 게의 딱딱한 껍질은 갑옷에 비유하고, 갑옷의 '갑'자를 일등인 '갑甲'으로 해석한다. 그러면 게는 곧 과거 시험에 일등으로 합격한 장원 급제자를 의미하게 된다. 그렇다면 '게'를 두 마리 그린 것은 무슨 의미일까? 두 마리의 게는 '이갑二甲'을 말하며, 소과와 대과시험에 모두 장원으로 합격한다는 뜻이 된다.

이때 이갑전로는 반드시 갈대와 함께 그려진다. '전로傳蘆'는 '갈대를 전하다'라는 뜻이므로 갈대가 빠질 수 없다. 그런데, '전

그림 74 전 안중식, 〈이갑어해도〉, 개
인 소장

로'는 '전려傳臚'와 중국어 발음이 같아서 '이갑전려二甲傳臚'의 네
글자로 조합하면 의미가 또 달라진다. '전려'의 '려臚'는 음식을
뜻하는 글자이다. 즉 '전려' 두 글자는 임금 앞에서 보는 과거 시
험인 전시殿試에서 장원급제한 사람에게 임금이 내리는 음식을
말한다. 따라서 이갑전려는 "대과와 소과의 과거 시험에 모두
장원 급제해서 임금을 알현하고 임금이 내리는 음식을 받는 최
고의 영예를 누리라"는 뜻으로 풀이된다.[73]

김홍도金弘道의 그림 가운데 간송미술관 소장 〈해탐노화도蟹
貪蘆花圖〉라는 게를 그린 그림이 있다. 게 두 마리가 등장하므로

'이갑전려'에 해당하며, 앞서 예시한 그림들의 범주에 놓인다. 그런데 이 그림의 위쪽에는 "해룡왕처야횡행海龍王處也橫行"이라고 화제가 적혀 있다. 이는 '바닷속 용왕님 계신 곳에서도 나는 옆으로 걷는다'라는 뜻이다. 장원 급제를 이룬 뒤에 한 가지 당부를 더 추가하는 내용이다. 즉 장원 급제를 하여 관료가 되더라도 권력에 굴복하지 말고 소신과 주장을 펼치는 멋진 관리가 되라는 뜻을 담은 그림이다.

축하와 화합의 메시지, 어해도魚蟹圖

민화에는 새우나 조개, 게 등 갑각류와 어패류를 그린 그림도 많이 볼 수 있다. 특히 새우와 조개의 경우가 특별한 의미를 지닌다. 새우 '하鰕' 자와 조개 '합蛤' 자는 축하의 '하賀' 자와 화합의 '합合' 자와 독음이 같다. 이는 그림의 내용이 축하와 화합의 메시지를 담고 있는 그림이라는 뜻이 된다.[74]

예컨대 민화에서 두 마리의 게가 갈대 옆에 그려져 있고, 그 위쪽에 등이 굽은 새우가 그려져 있으면 이 역시 과거에 급제한 것을 축하한다는 의미가 된다. 특히 등이 굽은 새우는 해로海老라 하여 장수를 상징하거나 해로偕老의 의미와 연결되어 부부해로의 기원을 담은 의미로 통용되었다.

그림 75 순재, 〈어해도〉,
스미소니언박물관 소장

　여기에 소개하는 〈어해도〉에는 게, 새우, 조개 등이 그려져
있어 일반적인 '어해도'로 분류할 수 있다. 화면 좌측 하단에 "순
재醇齋"라는 인장이 찍혀 있다. '순재'가 누군지 확인할 수 없지
만, 1884년경 자신이 그린 그림을 시장에 내놓은 무명無名 화가
임이 분명하다. 이 그림은 1884년 조선을 방문한 미국 해군 장
교 버나도J. B. Bernadou(1858-1908)가 서울의 시전市廛에서 구입해
간 것이어서 당시 서울 도심의 그림 가게에 나왔던 그림이라는
데 의미가 있다. 이 그림이 특별히 놀라운 것은 어해의 소재를
당시의 민화풍과 달리 수채화와 같은 이색화풍으로 그렸다는
점이다.

'순재'라는 인장 하나만 남겨놓은 화가의 그림이지만, 당시 그림의 다양성을 이해하는 데 좋은 단서가 된다. 19세기 중엽의 시전에는 다양한 화가들이 활동하고 있었음을 새롭게 들여다보게 하는 그림이다.

　　20세기로 이어진 어해도의 전통은 이한복李漢福은 1917년 작 〈어해도〉에서 볼 수 있다. 화면 상단에는 쏘가리, 아래에는 여러 마리의 게가 한 폭에 그려져 있다. 큰 바위와 대나무가 등장하지만, 상황은 땅 위가 아닌 바닷속 풍경인 듯하다. 게는 갑옷 '갑甲' 자로 풀이되며, 장원급제를 상징하는 글자로 연동된다. 쏘가리는 한자로 '궐어鱖魚'라고 불렀는데, 이때의 궐은 '궁궐宮闕'을 말하는 '궐闕' 자와 음이 같다고 하여 임금을 뜻하는 의미로 쓰였다. 따라서 쏘가리는 장원급제하여 임금을 보좌하는 높은 관직에 오르라는 축원의 의미를 뜻한다. 잔잔한 수초를 배경으로 하여 그린 쏘가리와 게는 사실적인 묘사가 돋보이지만, 바위는 호방한 필치로 처리하여 전체적으로 조화와 조형적 긴장감을 강조하였다.

　　그런데 위와 같은 의미로 쏘가리를 그릴 때는 반드시 한 마리만 그리는 것이 원칙이다. 두 마리를 그리면 대궐이 둘이라는 뜻이 되는데, 이는 임금이 둘이라는 뜻으로 해석될 수 있으므로 조심해서 그려야 할 화제이다.

그림 76 이한복, 〈어해도〉, 국립고궁박물관 소장

물고기와 과거 시험의 관계에서 어약용문 이외에도 의미가 상통하는 그림들이 있다. 19세기 말에는 민화를 그린 민간화가 들만이 아니라 일반 회화를 그린 다양한 화가들이 존재했다.[75] 그리고 그들의 그림은 서울 도심의 유통 공간에 나와서 구매자의 손길을 기다렸다. 대부분의 그림들이 길상吉祥을 뜻하는 소재들을 그렸지만, 과거 합격을 축원하는 그림도 인기리에 팔리며 소비되고 있었다.

장원급제의 상징, 잉어와 오리

두 마리의 잉어가 함께 그려진 그림이 있다. 두 마리 가운데 크기에 차이가 있는 경우, 작은 잉어는 소과小科, 큰 잉어는 대과大科를 의미한다. 소과는 조선 시대의 과거에서 문과 가운데 생진과시生進科試를 말한다. 소과에는 초시初試와 복시覆試의 두 단계가 있어 여기에 합격한 자는 대과에 응할 자격을 얻었다. 생원, 진사라고 불리는 사람들은 소과에 응하여 그 자격을 획득한 이들을 말한다.

대과는 문과 무과로 나뉘는데 문과에는 지방이나 성균관에서 보는 초시, 복시가 있고, 이외에 대궐에서 보는 전시殿試가 포함된다. 물고기는 '어약용문' 이외에도 과거시험과 관련하여 여

그림 77 〈어해도〉, 가회민화박물관 소장

러 의미가 상통하는 그림이다.

오리도 장원급제를 뜻하는 영모의 소재이다. 오리 '압鴨'자의
자획을 풀어보면, 첫 번째 부수 획이 '갑甲'자이다. 이 '갑'자 한
글자로 오리는 장원급제를 뜻하게 된다. 오리를 한 마리만 그리
게 되면, 일갑一甲이 되어 급제한다는 것이 되는데, 두 마리를 그
려 넣으면, 게 그림의 경우처럼 향시鄕試와 전시殿試의 두 시험에
연이어 장원이 되기를 바란다는 의미로 읽을 수 있다.

특히 버드나무 아래에 오리 두 마리가 있는 그림은 두 가
지 의미의 '류'자와 연관된다. 첫째인 버들 '류柳'자는 과거에 장
원급제하는 행운이 계속 머물기를 바란다는 뜻을 표현한 것이
다. 이 경우 버들 '류柳'는 머물 '류留'자로 해석하게 되면 오리는
장원급제를 뜻하는 의미로 읽을 수 있다. 두 번째 '류'자는 석류
'류榴'자이다. 류柳는 류留와 발음이 같으므로 석류가 지닌 다산
多産의 의미와 연동되어 자식을 많이 두되 그 자식 모두가 향시,
전시에 장원이라는 뜻으로 해석하기도 한다.[76]

나오는 말

　이 책에서는 과거 관련 그림을 네 개의 영역으로 나누어 고찰하였다.

　첫째, 현재 유일한 과장의 풍경으로 소개되고 있는 〈소과응시도〉는 개인의 일생에서 영광스러운 장면을 그린 평생도가 지닌 특성으로 볼 때, 과거시험장에서 일어나는 일을 토대로 했지만, 다소 과장되고 연출된 그림이라는 점을 살펴보았다. 또한 이러한 부정행위가 감시에서 일어났을 가능성도 짚어 보았다.

　과거 시험의 현장에서 부정행위가 자행되는 장면은 주인공의 정당한 모습을 강조하기 위해 각색된 장면일 수 있지만, 당시의 세태와 무관하다고는 할 수 없다. 그리고 이러한 부정행위가 심하게 드러난 경우는 대부분 감시나 지방에서 치른 초시 장면에서 볼 수 있는 풍경이라 할 수 있다.

　정시에 해당하는 자료는 전하는 예가 극히 드물다. 영조 때 경복궁 근정전 터에서 행한 〈근정전전시도〉가 그나마 기록화로 그려졌음을 살필 수 있었다. 외방 별시의 경우는 〈북새선은도〉를 통해 문무과 시험장과 시관들의 모습을 엿볼 수 있었다.

특히 무과 시험장을 자세히 보여 주는 그림으로는 유일하게 소개되고 있다. 시관들이 시험을 주관하는 모습도 이 그림에 잘 나타나 있다. 이 그림이 어떤 용도와 목적으로 제작되었는가에 대해서도 필자는 어람용, 보고용으로 추론했는데 좀 더 보완의 여지가 있다.

둘째, 과거 관련 행사인 방방, 은영연, 유가의 장면은 기록화의 대상이 된다. 과거의 합격자를 알리는 행사를 그린 방방도로는 〈함흥방방도〉와 〈낙남헌방방도〉에서 자세히 살펴보았다. 낙남헌 방방에서는 정조 임금이 친림한 가운데 진행되었지만, 정조는 방방 장면에도 참석해 있다. 함흥에서의 방방에는 전패를 두고 의식을 행하였다. 문무과 급제자나 시위 인력의 배치 등은 공통된 원칙을 따르고 있다. 다만, 의식과 절차의 복잡한 내용을 다 그릴 수 없는 한계도 살필 수 있었다.

〈함흥방방도〉와 〈낙남헌방방도〉는 《북새선은도》와 《화성능행도》에서 별시를 치른 뒤 결과발표의 장면을 그린 것이다. 또한 문무과 합격자들을 축하하기 위한 은영연은 1580년의 〈과거은영연도〉를 통해 그 내용을 살필 수 있었다. 은영연에 대한 기록은 상당히 부족하지만, 이 그림을 통해 연회가 열리는 장소와 공간의 특징, 연회의 내용 등을 살필 수 있었다.

과거급제자에게 주어진 삼일유가는 시대에 따라 금지된 경우도 있었지만, 가급적 보장해 주었다. 이것은 인심을 홍기시키고 과거의 중요성을 백성들에게 주지시키는 방편으로 인식되고 있었다. 따라서 삼일유가는 과거급제 이후 가장 영광된 순간을 누리는 장면으로 그려졌다.

그림으로는 조선 후기의 평생도에서만 볼 수 있는데, 모두 형식화된 패턴을 이루고 있다. 특히 급제자, 광대, 악사를 비롯한 수행원 등으로만 그림에 나타나는데 실제 19세기 초에 유가를 행한 기록에는 재인, 가인, 기녀 등도 참여한 것으로 보인다. 유가는 가두행진만이 아니라 공연적인 측면도 갖추고 있었음을 알 수 있다.

세 번째는 동방 및 시관과 관련된 기록화이다. 과거의 합격을 인연으로 맺어진 합격 동기생들의 친밀한 관계는 방회도와 기록에 잘 나타나 있다. 모임에서 공동의 기록물을 만드는 것은 특별한 기념적인 일로 해석할 수 있다. 이러한 방회도를 문무과 방회도와 사마시 방회도를 통해 각각 살펴보았다. 1576년의 〈희경루방회도〉에서는 과도한 규모의 연회와 장원 급제자에 대한 예우의 일면을 살펴보았다. 장원이 모임의 상석에 앉는 사례는 예우의 차원에 따른 것이다. 또한 장원 급제자들끼리 계회를 만은 사례는 그들 사이의 자부심과 동료의식을 엿볼 수 있는 대목이다. 〈임오사마방회도〉는 고령의 나이에도 불구하고 동방에 대한 연대 의식을 거듭되는 방회를 통해 기억하고자 하는 일면을 볼 수 있었다.

회방과 관해서는 회방례와 회방연이라는 두 형태의 그림을 통해 고찰하였다. 회방례는 60년 전 과거에 합격하여 유가를 행하던 장면을 그대로 재현한 의식이다. 반면 회방연은 과거 합격 60주년을 기념한다는 의미는 회방례와 같지만, 동기생들과의 모임으로 진행된 점이 다르다. 적어도 동기생 3명 이상이 참여하여야 성립되는 것이 회방연이다.

네 번째는 과거 시험의 합격을 축원하는 의미에서 그린 그림이다. 조선시대의 과거 시험을 앞둔 유생儒生들이 유독 가까이 한 그림이었다. 실내에 걸어 두고 합격의 소망을 빌면, 그 소망이 이루어진다는 믿음을 주었다. 이러한 그림의 수요자는 신분 상승과 출세를 꿈꾸던 평민층이 가장 많았다. 19세기에 서울에서 크게 유행한 민간 회화 가운데 가장 많이 유통된 그림이다.

이상에서 네 가지 유형으로 나누어 살펴본 과거 관련 그림은 일부의 사례에 불과하다. 따라서 이를 갖고 보편적인 결론을 이야기하기에 한계가 있을 수 있다. 그러나 회화자료가 갖는 현장성과 장면성은 조선시대 과거 문화의 주요 실상을 시각적이고 입체적으로 살필 수 있는 매개라는 점에서 그 문화사적인 의미를 가늠할 수 있다. 과거와 관련된 다채로운 시각자료가 더 적극적으로 발굴되고 기록으로만 알려진 실상들이 확인되어 기록화와 풍속화의 주요 주제로 확장되어 다루어질 수 있기를 바라며 이를 추후의 과제로 삼고자 한다.

주석

1 『명종실록』 권30, 명종 19년 6월 11일. 23점의 그림은 다음과 같다. ① 生員進士中學錄名圖, ② 生員進士鄕試圖, ③ 生員進士漢城府初試圖, ④ 生員進士漢城府覆試圖, ⑤ 生員進士放榜圖, ⑥ 生員進士謝恩圖, ⑦ 生員進士謁聖圖, ⑧ 文科中學錄名圖, ⑨ 文科掌樂院初試圖, ⑩ 文科西學講經圖, ⑪ 文科禮曹覆試製述圖, ⑫ 文科殿試圖, ⑬ 文武科三館宴會圖, ⑭ 武科京邸錄名圖, ⑮ 武科慕華館初試圖, ⑯ 武科訓鍊院覆試圖, ⑰ 武科慕華館殿試圖, ⑱ 勤政殿文武科放榜圖, ⑲ 文武科謝恩肅拜圖, ⑳ 文武科謁聖圖, ㉑ 文武科遊街圖, ㉒ 成均館謁聖別試圖, ㉓ 慶會樓庭試取人圖

2 〈貢院春曉圖〉에 대한 소개는 정병모, 「김홍도 풍속화에 나타난 서울 풍경」, 『도시역사문화』 6, 서울역사박물관, 2007, 55-57쪽.

3 "貢院春曉萬蟻戰 或有停毫凝思者 或有開卷考閱者 或有展紙下筆者 或有相逢偶語者 或有倚擔困睡者 燈燭熒煌人聲搖搖 摸寫之妙可奪天造 半生飽經此困者 對此不覺幽酸 豹菴 光之."

4 김혈조, 「科場의 안과 밖: 18세기 한 지식인이 본 科場의 百態」, 『대동한문학』 38, 대동한문학회, 2013, 84-85쪽.

5 김혈조, 같은 논문, 84-85쪽.

6 평생도에 관해서는 최성희, 「19세기 평생도 연구」, 『미술사학』 16, 한국미술사교육학회, 2002, 79-110쪽. 민화 풍속도와 평생도 병풍에 대해서는 진준현, 『단원 김홍도 연구』, 일지사, 1999, 641-644쪽.

7 인물의 수염 표현에 나타난 단서를 巨擘과 寫手를 암시한 것으로 본 해석은 매우 유효하다고 생각된다. 허인욱, 『옛 그림 속 양반의 한평생』, 돌베개, 2010, 124-125쪽 참조.

8 김혈조, 앞의 논문, 85쪽.

9 강명관, 『조선의 뒷골목 풍경』, 푸른역사, 2003, 176-177쪽.

10 평생도에 관해서는 박정혜, 『조선시대 사가기록화, 옛 그림에 담긴 조선 양반가의 특

별한 순간들』, 혜화1117, 2022, 522-546쪽.

11 강관식, 「《단원풍속도첩》의 작가 비정과 의미 해석의 양식사적 재검토」, 『미술사학
보』 9, 미술사학연구회, 2012, 167쪽의 각주 7번 내용.

12 1743년(영조 19) 1월 25일, 처음으로 정시(庭試) 초시(初試)의 법을 시행하였다. 이 날짜
의 『영조실록』에는 다음의 기록이 있다. "이때 선비들의 습속이 날이 갈수록 변천해
가고 과거의 폐단이 심해졌다. 임금이 그 분잡한 폐단을 고치고자 하여 여러 신하들
에게 하문(下問)하고는 비로소 시행할 것을 명하였던 것이나, 시행한 지 십수 년이 지
나자 그냥 폐기되어 버리고 시행되지 않았다." 『영조실록』 권57, 영조 19년(1743) 1월
25일.

13 윤정, 「18세기 景福宮 遺址의 행사와 의례: 영조대를 중심으로」, 『서울학연구』 25, 서
울시립대학교 서울학연구소, 2005, 191-225쪽. 경복궁에서의 과시는 1747년(영조 23)
이래 모두 17회가 시행되었다.

14 윤정, 앞의 논문, 200쪽.

15 도판은 『영조대왕』, 한국학중앙연구원 장서각, 2012, 73-75쪽.

16 자세한 내용은 『현종실록』 권9, 현종 5년(1664) 10월 20일, 11월 25일.

17 《북새선은도》를 그린 주관자를 함경도관찰사 민정중(閔鼎重, 1628-1692)으로 추정하
는 견해가 있다. 민정중을 문풍(文風)이 빈약했던 함경도에 유교(儒敎)의 교육과 예제
(禮制)를 확립하고 풍속을 교화하는 데 힘쓴 인물로 보았다. 따라서 그가 예제를 정확
히 실행하고 왕실의 존엄을 유지하고자 하는 의도로 《북새선은도》를 제작했을 가능
성이 있다는 것이다. 이경화, 『《北塞宣恩圖》 研究』, 석사학위논문, 서울대학교, 2005,
25-26쪽.

18 "六兩九十步三矢俱入 柳葉箭五矢一中以上 騎芻一次二中以上 三枝取二枝 先計矢數
次計分數 七矢四十分九步居首 四矢二十二分七步以上得參."

19 『國朝五禮儀』에는 문과 응시자의 복식을 청의(靑衣)에 연두건(軟頭巾)을 착용하는 것으
로 되어 있다.

20 국립중앙박물관, 『國立中央博物館 韓國書畵遺物圖錄』 14, 국립중앙박물관, 2006,
226쪽.

21 성균관 유생(儒生)의 성실도를 보기 위해 식당에 들어간 횟수를 적던 부책(簿冊)이 도
기(到記)이다. 조석(朝夕) 두 끼를 1도(到)로 하고, 50도가 되면 봄과 가을의 과거(科擧)를
보게 하였다.

22 이경화, 앞의 논문, 54쪽.

23 함산관 문 밖의 왼편에는 의관을 정제하고 앉은 16인의 인물이 있다. 이들은 아직 이름이 호명되지 않아 門外位에서 차례를 기다리는 무과합격자들일 것이다.

24 『國朝五禮儀』卷4,「文武科放榜儀」.

25 우화관(于華館)은 화성유수부의 객사(客舍)로, 임금을 상징하는 전패(殿牌)나 궐패(闕牌)를 모시고 한 달에 두 차례씩 왕께 배례(拜禮)하며, 외부에서 온 관리들이 숙소로 이용하거나 고을의 인사들을 초대하여 연회를 베풀기도 하는 곳이다.

26 방방의(放榜儀)의 관한 자세한 내용은『원행을묘정리의궤』권2,「儀註. 華城文武科親臨放榜儀」.

27 『태종실록』권32, 태종 16년 9월 6일.

28 『세종실록』권63, 세종 16년 3월 21일.

29 사진실,『공연문화의 전통』, 태학사, 2002, 114-124쪽.

30 〈과거은영연도〉에 대한 기초연구로는 宮崎市定,「宣祖時代の科擧恩榮宴圖について」,『朝鮮學報』29, 1963가 알려져 있다. 국내에는『朝鮮前期國寶展』, 호암미술관, 1996의 97쪽에 도판이 소개되어 있다.

31 『선조수정실록』권14, 선조 13년(1580) 2월 1일.

32 『樂學軌範』2卷 15章.

33 『세종실록』권44, 세종 11년 4월 20일.

34 이응인(李應仁)이 소유한〈仁同監試試官契會圖〉는 경남 밀양 인근의 영산현감(靈山縣監)으로 감시(監試)에 참여하고서 기념으로 받은 것이다. 그가 영산현감(靈山縣監)에 재직한 기간은 1585년(선조 18) 3월부터 1590년(선조 23)까지로 확인된다. 계회도의 제작 시기는 1580년대 후반기로 추정된다. 화면 위에는 송설(松雪)이라는 인물이 쓴 칠언율시가 적혀 있다.

35 개인 문집에 실린 시관(試官) 관련 기록으로는 高敬命,『霽峯集』卷3,「題喜城武科試官契會圖 尹判官河索賦」; 李安訥,『東岳集』卷6,「咸鏡南道監試初試試官契會圖」,「咸鏡北道鄉試試官契會圖」, 卷22,「舟師覆試試官契會圖」등이 있다.

36 17세기의 榜會圖에 대해서는 박정혜 교수의 論考에서 자세하게 다루어진 바 있다. 박정혜,「16·17세기의 司馬榜會圖」,『미술사연구』16, 미술사연구회, 2002, 297-332쪽 참조.

37 박정혜, 같은 논문, 207-433쪽.

38 사마시(司馬試)는 경술(經術)을 고시(考試)한 생원시(生員試)와 시(詩)·부(賦) 등의 문학(文學)을 고시한 진사시(進士試)로 나뉘는데, 다같이 초시(初試)·복시(覆試) 두 차례의 시험에 의해 각각 100인을 뽑아 성균관(成均館)의 입학 자격을 주었다. 최진옥, 『朝鮮時代 生員 進士 研究』, 집문당, 1998 참조.

39 안휘준, 「〈蓮榜同年一時曹司契會圖〉小考」, 『역사학보』 65, 역사학회, 1975, 117-123쪽.

40 시(詩)의 원문(原文)은 金麟厚, 『河西集』 卷10 「辛卯蓮榜曹司契會圖軸」 참조.

41 안휘준, 앞의 논문, 119-120쪽.

42 안휘준, 같은 논문, 121-123쪽 참조.

43 여기에 대해서는 본고의 5장에서 자세히 다룰 것이다.

44 〈癸酉司馬榜會圖〉는 『慶南大學校所藏 데라우찌文庫 特別展圖錄』, 경남대학교박물관, 1996, 40-41쪽에 도판 사진으로 소개되었다.

45 『시서화에 깃든 조선의 마음』, 예술의전당 서울서예박물관, 2006, 292-293쪽. 이시발(李時發)이 발문(跋文)을 쓰게 된 것은 그가 경상도관찰사(慶尙道觀察使)이고 이미 고인(故人)이 된 그의 선친(先親)인 이대건(李大建, 1550-?)이 계유사마(癸酉司馬)의 동방(同榜)이었던 관계로 그에게 위촉된 것으로 생각된다.

46 崔岦, 『簡易集』 卷3, 「辛丑司馬會帖跋」.

47 박정혜, 앞의 논문, 312쪽.

48 이 방회첩(榜會帖)은 표제에 〈龍灣佳會司馬同榜錄〉이라 적혀 있으나, 이는 후대(後代)에 붙여진 것으로 〈己丑司馬榜會圖〉라 하는 것이 보다 적합할 것으로 생각된다. 이 첩은 5명의 참석자 가운데 류시회(柳時會)가 소유했던 것으로 좌목(座目) 1면(面), 그림 1면(面), 시문(詩文) 3면(面) 및 그의 후손 류해엽(柳海曄)이 쓴 후발(後跋)이 별도의 면(面)에 수록되어 있다. 〈己丑司馬榜會圖〉는 『古文書集成 58: 安山晉州柳氏篇』, 한국정신문화연구원, 2002, 3-7쪽에 소개되어 있다.

49 박정혜, 앞의 논문, 320쪽.

50 유수(留守)는 1438년(세종 20)에 유후(留侯)를 고쳐서 둔 개성부(開城府)의 종이품 벼슬로 정원은 2원이다. 그중 1원은 경기감사(京畿監司)가 겸직하였다. 유수 밑에 경력(經歷, 종사품) 1원이 있어 유수를 보좌하고 행정실무를 담당하였다.

51 박정혜, 앞의 책, 244쪽.

52 윤진영, 「조선시대 연회도의 유형과 회화적 특성」, 『조선시대 연회도』, 국립국악원, 2001, 264-265쪽.

53 박정혜, 앞의 논문, 306쪽.

54 이성미 · 김정희, 『한국회화사 용어집』, 다할미디어, 2002, 224-225쪽.

55 각 폭의 오른쪽 상단의 별지에 제목을 붙여 놓았는데 〈初度弧筵〉·〈婚姻式〉·〈應榜式〉·〈翰林兼修撰時〉·〈松都留守到任時〉·〈兵曹判書時〉·〈左議政時〉·〈回婚式〉 등이다.

56 평생도는 고위 관직을 지낸 사람의 일생에서 가장 기억에 남고, 기념할 만한 장면을 골라 8-10폭의 병풍으로 그린 그림을 말한다.

57 『성종실록』 권16, 성종 3년(1472) 3월 9일.

58 『중종실록』 권35, 중종 14년(1519) 3월 22일.

59 『세종실록』 권115, 세종 29년(1447) 2월 9일; 『성종실록』 성종 25년(1494) 4월 15일.

60 『중종실록』 권13, 중종 6년(1511) 3월 18일.

61 『숙종실록』 권63, 숙종 45년(1719) 3월 22일.

62 『京都雜誌』 1, 「風俗遊街」.

63 『崇禎紀元後四乙酉式司馬榜目』(국립중앙도서관, 일산古6024-34).

64 『동아 새국어사전』, 두산동아, 1989, 885쪽.

65 장진아, 「국립중앙박물관 소장 《회혼례도첩》을 통해 본 조선 후기 사가기록화의 변화」, 『미술자료』 102, 국립중앙박물관, 2022, 76쪽.

66 유홍준, 『화인열전』, 창작과비평사, 2000, 245쪽.

67 정병모, 『민화, 가장 대중적인 그리고 한국적인』, 돌베개, 2012, 108쪽.

68 고연희는 어약용문의 화면에서 강한 기대와 기원을 담아내는 긴장감이 감돈다면 어변성룡은 그렇게 부르는 순간 성공과 환상을 제공한다고 하여 명명하는 제목의 차이는 다른 차원을 암시한다고 하였다. 고연희, 「'어약용문(魚躍龍門)'에서 '어변성룡(魚變成龍)'으로: '급제(及第)'에서 '충(忠)'으로」, 『한국문화연구』 31, 이화여자대학교 한국문화연구원, 2016, 52-53쪽.

69 18세기 북학(北學)의 대두와 더불어 서화골동 등 중국산 문화상품에 대한 수요가 급증하는 분위기 속에서 책거리 그림의 유행이 진행되었다. 강관식, 앞의 책, 2001, 549쪽.

70 19세기 물질문화의 추구와 책거리 기물의 변화에 관해서는 박은경, 「책가도 제작의 다각적 배경」, 『한국민화』 10, 한국민화학회, 2019, 6-27쪽; 정병모, 『책거리』, 다할미디어, 2020, 29-41쪽.

71 와그너(Wagner)는 강달수(姜達秀)가 이형록(李亨祿)에게서 책거리 그림을 배웠다고 보았

다. Kay E. Black with W. Wagner, Ibid, 29쪽.

72 조용진, 『東洋畵 읽는법』, 집문당, 1989, 37-39쪽.

73 조용진, 같은 책, 51쪽.

74 윤열수, 『민화이야기』, 디자인하우스, 1995, 165쪽.

75 신선영, 『箕山 金俊根의 繪畵 硏究』, 박사학위논문, 한국학중앙연구원, 2012, 29-31쪽.

76 조용진, 앞의 책, 81-82쪽.

高敬命, 『霽峯集』.

金麟厚, 『河西集』.

李安訥, 『東岳集』.

崔岦, 『簡易集』.

『조선왕조실록』.

『國朝五禮儀』.

『樂學軌範』.

『京都雜誌』.

『園幸乙卯整理儀軌』.

『崇禎紀元後四乙酉式司馬榜目』, 국립중앙도서관.

『古文書集成』58-安山晉州柳氏篇, 韓國精神文化研究院, 2002.

강관식, 「《단원풍속도첩》의 작가 비정과 의미 해석의 양식사적 재검토」,
        『미술사학보』 39, 미술사학연구회, 2012.

강명관, 『조선의 뒷골목 풍경』, 푸른역사, 2003.

경남대학교박물관, 『데라우찌文庫 特別展圖錄: 慶南大學校所藏』, 경남대학
        교박물관, 1996.

고연희, 「'어약용문(魚躍龍門)'에서 '어변성룡(魚變成龍)'으로: '급제(及第)'에서
        '충(忠)'으로」, 『한국문화연구』 31, 이화여자대학교 한국문화연구원,
        2016.

국립중앙박물관, 『國立中央博物館 韓國書畵遺物圖錄』 14, 국립중앙박물관, 2006.

김혈조, 「科場의 안과 밖: 18세기 한 지식인이 본 科場의 百態」, 『대동한문학』 38, 대동한문학회, 2013.

박은경, 「책가도 제작의 다각적 배경」, 『한국민화』 10, 한국민화학회, 2019.

박정혜, 「16, 17세기의 司馬榜會圖」, 『미술사연구』 16, 미술사연구회, 2002.

_____, 『조선시대 사가기록화, 옛 그림에 담긴 조선 양반가의 특별한 순간들』, 혜화1117, 2022.

사진실, 『공연문화의 전통』, 태학사, 2002.

안휘준, 「〈蓮榜同年一時曹司契會圖〉 小考」, 『역사학보』 65, 역사학회, 1975.

『영조대왕자료집』, 한국학중앙연구원 장서각, 2012.

예술의전당 편집부, 『시서화에 깃든 조선의 마음』, 예술의전당 서울서예박물관, 2006.

유홍준, 『화인열전』 1, 역사비평사, 2001.

윤열수, 『민화이야기』, 디자인하우스, 1998

윤정, 「18세기 景福宮 遺址의 행사와 의례: 영조대를 중심으로」, 『서울학연구』 25, 서울시립대학교 서울학연구소, 2005.

윤진영, 「조선시대 연회도의 유형과 회화적 특성」, 『조선시대 연회도』, 국립국악원, 2001.

_____, 「科擧 관련 繪畵의 현황과 특징」, 『대동한문학』 40, 대동한문학회, 2014.

이경화, 『《北塞宣恩圖》 研究』, 석사학위논문, 서울대학교, 2005.

이성미·김정희, 『한국 회화사 용어집』, 다홀미디어, 2003.

삼성문화재단, 『朝鮮前期國寶展』, 호암미술관, 1996.

신선영, 『箕山 金俊根의 繪畵 研究』, 박사학위논문, 한국학중앙연구원, 2012.

장진아, 「국립중앙박물관 소장 《회혼례도첩》을 통해 본 조선 후기 사가기
　　　록화의 변화」, 『미술자료』 102, 국립중앙박물관, 2022.

정병모, 「김홍도 풍속화에 나타난 서울 풍경」, 『도시역사문화』 6, 서울역사
　　　박물관, 2007.

＿＿＿, 『민화, 가장 대중적인 그리고 한국적인』, 돌베개, 2012.

＿＿＿, 『책거리: 세계를 담은 조선의 정물화』, 다홀미디어, 2020.

조용진, 『東洋畵 읽는 법』, 집문당, 1989.

진준현, 『단원 김홍도 연구』, 일지사, 1999.

최성희, 「19세기 평생도 연구」, 『미술사학』 16, 미술사학연구회, 2002.

최진옥, 『朝鮮時代 生員 進士 硏究』, 박사학위논문, 한국학중앙연구원, 1994.

허인욱, 『옛 그림 속 양반의 한평생』, 돌베개, 2010.

宮崎市定, 「宣祖時代の科擧恩榮宴圖について」, 『朝鮮學報』 29, 朝鮮學會,
　　　1963.